Generis
PUBLISHING

La teoría de las ventanas rotas: el orden del caos

Jacobo Salvador Micó Faus

Title: La teoría de las ventanas rotas: el orden del caos

ISBN: 978-1-63902-856-6

Author: Jacobo Salvador Micó Faus

Cover image: https://unsplash.com

Publisher: Generis Publishing
Online orders: www.generis-publishing.com
Contact email: info@generis-publishing.com

"Lo que no es bueno para la colmena no es buena para la abeja".

Marco Aurelio

Dedicación especial a mi padre

Salvador Micó García

La teoría de las ventanas rotas surgió en Estados Unidos a través de un estudio de la psicología social extrapolable posteriormente a la criminología con el objetivo de prevenir el delito.

Desde entonces el interés por esta teoría ha ido aumentado y expandiéndose a lo largo de los años. Por esta misma razón el libro tiene como objetivos principales elaborar una investigación acerca de un tema de tanto interés para la criminología y por otro elaborar diferentes propuestas que nacen de una combinación de programas y estudios que resultan acorde a nuestros tiempos y supongan un amplio abanico de soluciones para combatir el delito.

De este modo, tanto profesionales de la seguridad, como todo aquel interesado en la Criminología y la Política Criminal, podrá profundizar en una de las principales causas de la criminalidad. "La teoría de las ventanas rotas: el orden del caos" está llamado a ser un manual tanto para agentes de Policía Local, Comisarios, alcaldes de municipios y todo aquel ciudadano interesado en mejorar su propia seguridad y la de su vecindario.

Palabras clave: Teoría de las ventanas rotas, Criminología, Política criminal.

The broken windows theory arose in EEUU through a social psychological research that subsequently was applied to criminology with the aim of preventing crimes.

Since then, the interest in this theory has increased and expanded over the years. For this reason, this research has as a prime aim of elaborating a theoretical research concerns about a matter that is absolutely interesting for criminology. On the other side, this research is focused on elaborating different proposals which stem from a combination of programs and studies which are in line with our times and involve a wide range of solutions for combating crime.

In this way, both security professionals, as well as anyone interested in Criminology and Criminal Policy, will be able to delve into one of the main causes of crime. "The broken windows theory. The order of chaos" is called to be a manual both for Local Police officers, Commissioners, mayors of municipalities and all those citizens interested in improving their own security and that of their neighborhood.

Key words: broken windows theory, criminology, criminal policy.

ÍNDICE

1   Objetivos

Los objetivos de nuestro trabajo "La teoría de las ventanas rotas, el orden del caos "es un cúmulo diverso de sinergias interrelacionadas con las siguientes finalidades.

En primer lugar, explicar en qué consiste una teoría criminológica, sus tipologías más comunes, la importancia de estas desde una perspectiva paradigmática y como se clasifica desde su faceta más actualizada en relación con el concepto causa.

El segundo de los objetivos es conocer en que consiste la criminología ambiental, analizar la definición de criminología más adecuada, definir la criminología ambiental y enfocar las teorías criminológicas sobre estructuras de oportunidad para el delito enfocándonos así en la teoría de las ventanas rotas.

Otro de los objetivos es profundizar en los orígenes de dicha teoría indagando así en los diferentes experimentos criminológicos con mayor importancia en la criminología científica para posteriormente vincularlos a la teoría que es objeto de estudio.

Una vez introducimos en la materia buscamos explicar, conocer y profundizar en la teoría explicando así en que consiste la misma, su origen, desarrollo, practicidad, aplicación y eficacia.

Pasada esta barrera de conocimiento nos centramos en profundizar en la misma analizando el documento clave que origino la misma" La policía y la seguridad en los barrios- de James Wilson y L. Kelling". Dentro de este apartado se busca focalizar la materia en una dirección preventiva para así poder responder a los diferentes conflictos que el delito origina.

Presentar los programas de vigilancia pública como solución a esta problemática es otro de los objetivos. Así como buscar e interrelacionar diferentes enfoques para dar con el más adecuado y acorde a nuestros tiempos y realidades sociales.

Por último, y no por ello menos importante, buscamos destacar la importancia de la criminología como ciencia auxiliar a otras de supuesta mayor relevancia. Para ello presentamos dicha teoría como base y pilar fundamental donde se apoyan ciencias de mayor calado e historia como son la Política, en su rama criminal, y el derecho, en su rama penal. Por ello matizar la importancia del derecho penal del riesgo en nuestro objetivo enaltecedor de esta nuestra ciencia y teoría expuesta.

2   Metodología

La metodología que hemos elegido para desarrollar el trabajo ha sido una metodología cualitativa.

El primero de los motivos es porque la historia de los métodos cualitativos es tan antigua como la propia historia. Los orígenes del trabajo de campo tienen sus orígenes desde escritos de viajeros de tiempos el griego Herodoto hasta otros tiempos imperiales como el de Gengis Khan el Mongol.

Bien es cierto que, aunque su historia es antigua, no se dieron sus primeras manifestaciones hasta los años 1910 y 1940 cuando la famosa sociología norteamericana a través de la divulgación de los primeros estudios de la "Escuela de Chicago".

Fue en 1960 cuando surgió el auge de los métodos cualitativos, empezaron a aparecer numerosos artículos, estudios, libros, tesis, compilaciones basadas en este tipo de metodología. Actualmente es uno de los métodos con que más estudios cuenta. La sociología, la psicología, antropólogos y en lo que nos pertañe, la criminología.

En cuanto a sus diferentes definiciones destacar:

TAYILOR Y BOGDANT (1987) definen a la metodología cualitativa en su más amplio sentido como a "las propias palabras de las personas, habladas o escritas, y la conducta observable."

RAY RIST (1977) citado por TAYLOR Y BOGDAN (1987) la define como un conjunto de técnicas para recoger datos definida como: "Modo de encarar el mundo empírico".

Existen numerosas y diferentes definiciones las cuales ni se excluyen ni se oponen pero si se complementan, al igual que ocurre con el método cuantitativo, el cual en sinergia se enriquecen.

Continuando con la metodología que hemos elegido para elaborar el trabajo es tener claro que su objetivo principal es utilizarla con el fin de descubrir y refinar las preguntas que surgen en torno a la investigación.

Es una metodología que busca la reconstrucción de la realidad, utilizando para ello descripciones, observaciones que nos llevan a preguntas a resolver, e hipótesis formuladas que surgen con el avance de la investigación lo que genera una flexibilidad notable a la hora de trabajar.

Como se puede observar, de alguna manera la metodología cualitativa es considerada como un modo de encarar el mundo empírico. Para efectos de esta metodología, se adopta la propuesta de TAYLOR Y BOGDAN (1987) define la metodología cualitativa a través de un conjunto de características:

1. La investigación cualitativa es inductiva. Los investigadores desarrollan conceptos y comprensiones.
2. En la metodología cualitativa el investigador ve los escenarios y a las personas en una perspectiva holística; las personas, los escenarios o los grupos no son reducidos a variables, sino considerados como un todo.
3. Los investigadores cualitativos son sensibles a los efectos que ellos mismos han creado sobre las personas que son objeto de su estudio.
4. Los investigadores cualitativos tratan de comprender a las personas dentro del marco de referencia de ellas mismas.
5. El investigador cualitativo aparta sus propias creencias, perspectivas y predisposiciones.
6. Para el investigador cualitativo todas las perspectivas son valiosas.
7. Los métodos cualitativos son humanistas.
8. El investigador cualitativo da énfasis a la validez en su investigación.
9. Para el investigador cualitativo, todos los escenarios y personas son dignos de estudio. Ningún aspecto de la vida social es demasiado trivial como para ser estudiado.
10. La investigación cualitativa es un arte. Los investigadores cualitativos son flexibles en cuanto al método en que intentan conducir sus estudios, es un artífice.

Una vez hemos definido en que consiste la metodología que hemos utilizado explicaremos el porqué de este método para el desarrollo de nuestro trabajo.

La teoría de las ventanas rotas es una temática que exige una investigación enfocada a indagar, descubrir y explicar la realidad social para así poder entender, perseguir y prevenir todo tipo de conductas antisociales, delitos y crímenes.

La teoría de las ventanas rotas se aplica con el objetivo de reducir la delincuencia y para ello como comentaremos a lo largo del trabajo es necesario conocer la causa. En este trabajo hemos indagado en diferentes experimentos sociales, teorías y programas que nos permiten alcanzar dicho objetivo.

El trabajo se caracteriza principalmente por utilizar diferentes fuentes de investigación en las que se relacionan diferentes ciencias como la sociología, psicología y criminología buscando un enfoque diferente para entender como la teoría de las ventanas rotas puede ser de gran eficacia mientras su enfoque sea el correcto.

Para ello hemos utilizado fuentes históricas, evolutivas y conocimientos básicos de esta nuestra ciencia multidisciplinar para interpretar la realidad, establecer conexiones y posibles hipótesis que nos permitan combatir el delito mediante esta teoría aplicada a realidades sociales.

Finalmente hemos buscado presentar unos resultados una vez analizado toda la información y conocimientos que nos aportan las diferentes investigaciones, teorías, experimentos los cuales hemos interconectado y fusionado debido a la flexibilidad que la metodología cualitativa nos permite.

El objetivo ha sido para generar una nueva visión de esta teoría matizando sus aspectos más positivos y negativos para la resolución de la problemática delictiva surgida del desorden, la falta de confianza y el control informal.

Además de realizar un análisis exhaustivo de la misma, conocer la causa del delito propuesta por la teoría y establecer relaciones hemos buscado plantear diferentes soluciones y propuestas novedosas.

3 Introducción

Siempre ha existido un importante interés hacia las diferentes formas de reducir las conductas antisociales, delictivas y crímenes en la sociedad. Por lo que respecta a la teoría de las ventanas rotas, es una solución práctica que busca formalizar la actividad preventiva de la delincuencia de ahí su interés criminológico.

El objetivo principal de la teoría de las ventanas rotas es la reducción de las tasas delictivas y el aumento del sentimiento de seguridad en la comunidad. La aplicación de la misma supone una de las respuestas más eficaces para combatir los objetivos principales de una política criminal acorde a las sociedades contemporáneas.

Los objetivos principales de este trabajo son elaborar una investigación teórica acerca de un tema relevante para nuestra ciencia, lo que repercute de manera indirecta en otras como son la política criminal y el derecho penal.

Para conseguir dichos objetivos comenzaremos analizando las diferentes teorías existentes, a la vez que las interrelacionamos. Solo así conseguiremos tener una perspectiva que nos permita valorarlos e intentar encontrar las mejores soluciones.

Para ello se explicará los diferentes experimentos sociales más relevantes dentro de la criminología con el objetivo de destacar su relevancia e ir enfocándonos al núcleo central de la teoría propuesta.

Una vez adquirida esta perspectiva global nos centraremos en explicar dicha teoría para poder conocer las causas de las mismas, así como las consecuencias que suponen su aplicación. Para ello se relacionará la misma con diferentes programas exitosos que permitan incorporar su aplicación a los tiempos que corren.

Así pues, la combinación de las diferentes propuestas expuestas nos llevaran a deducir la importancia de la criminología en el control de la conductas sociales, influenciando así a la diferentes posturas óptimas que deben adoptar desde la política pública utilizando el derecho penal y el derecho administrativo como herramienta sustancial para lograr dicho objetivo. Plasmando así el amplio abanico de soluciones que nos otorga la teoría de las ventanas rotas dentro de nuestra ciencia.

4.1 Teorías criminológicas

Comenzaremos nuestro trabajo dando a conocer la importancia que tienen las teorías criminológicas en todos los ámbitos de la criminología, así como en otros como la psicología, la sociología o el derecho, las cuales al fin y al cabo forman parte de la criminología como ciencia multiparadigmática y multidisciplinar.

Para una mejor comprensión del trabajo consideramos relevante que el lector conozca en que consiste una teoría criminológica así como sus diferentes clasificaciones y vinculaciones con el eje central del trabajo "la teoría de las ventanas rotas".

4.1.1 Definición teoría criminológica y tipologías comunes

En cuanto a la definición de teoría vamos a centrarnos en la del filósofo y profesor Karl Popper que la define como: "conjuntos de hipótesis o conjeturas organizadas más o menos sistemáticamente que pueden someterse a contrastación mediante la observación de hechos empíricos. Una teoría pretende describir la realidad, y aspira de definir y explicar las relaciones y los procesos que tienen lugar en su seno; mediante elementos fundamentes que integra cualquier teoría: leyes, conceptos, relaciones causales, etc"[1].

En cuanto a esta definición es relevante destacar que según esta se evidencia la inexactitud de la misma, hablar de hipótesis o conjeturas dentro de la misma definición ya da a entender dicha afirmación. El mundo real se muestra como una realidad compleja donde el conocimiento humano no es suficiente como para alcanzar la exactitud en todos sus ámbitos. Existen aspectos inaccesibles que suponen unos límites al entendimiento y explicaciones de la realidad.

De este modo, cuando hablamos de teoría hablamos según el autor de "creaciones humanas" que por ende no son reflejo de la realidad pero si aproximaciones.

---

[1] DERECHO UNED. Apuntes. En: *Derecho Apuntes Isipedia* [en línea]. [Madrid]Derecho Uned,2009-2018[consulta 4 de marzo de 2019]*Disponible en:* http://derecho.isipedia.com/optativas/introduccion-a-la-criminologia/03-la-teoria-criminologica.

Las teorías son abstractas, es decir, se obtiene por abstracción y son difíciles de entender debido a su carácter esquemático y poco concreto, lo que es propio de estos procesos. Además, las teorías no pueden contrastarse con la realidad, pero si las hipótesis o conjeturas a partir de las cuales estas derivan. Por ese motivo la refutación no se lleva a cabo sobre teorías si no sobre las propias hipótesis en las que estas se fundamentan.

Una teoría tiene como finalidad u objetivo la explicación de un fenómeno, de este modo mediante ellas se busca alcanzar una explicación de la realidad lo más completa, sencilla y precisa posible.

En cuanto a su tipología es muy diversa y existen diferentes clasificaciones, nos centraremos en aquellas que pueden tener mayor o menor relación con la criminología.[2]

- Las teorías formales.

Las teorías formales son un tipo de teorías caracterizado por un modelaje completo y cerrado de hipótesis que son definidas a la perfección y en las cuales se establecen relaciones lógicas entre sí[3].

Se trata así pues de un modelo hermético y perfeccionista difícilmente de encontrar dentro de nuestra ciencia debido a que limita a la misma en el estudio de la propia realidad y las enormes variables ante las que nos solemos encontrar. La mayoría de las teorías criminológicas más importantes son explicaciones más o menos amplias y precisas que aspiran a proponer deductivamente hipótesis claras y consistentes entre sí que puedan someterse a intentos de refutación y superarlos con existo[4].

- Teorías de enfoque, aproximación o perspectiva.

Esta tipología de teorías son consideradas como tales a pesar de su debilidad. A diferencia de la anterior permite numerosas variables debido a que permite sustituir dichas hipótesis, las cuales no son cerradas.

---

[2] IDEM.
[3] IBIDEM.
[4] IBARRA, Andoni: «Teorías formales y empíricas: la concepción estándar y su revisión», Ágora: Papeles de Filosofía, ISSN 0211-6642, Vol. 20, N. 1 (2001), 57-76

Aproximar significa sustituir ciertos objetos en interés de nuestro objetivo, lo que el resultado obtenido de las mismas será relativo. De este la resolución del problema será más complicado y la aproximación a la realidad más dispersa.

Además, es propio de esta tipología de teorías que puede ser que sólo se refieran a una pequeña parte de los factores que influye en el fenómeno delictivo y no ofrecen una explicación completa de el mismo[5].

- Tipologías explicativas.

Se trata de una tipología que busca proponer hipótesis deductivas, es decir, usando principios generales para llegar a una conclusión definitiva. Algo característicos de estas, a diferencia de la de aproximación es que suele someterse a intento de refutación y los superan con éxito, algo que también ocurriría en nuestra ciencia cuando se elaboran teorías formales, aunque no es lo común.

Sin embargo, este tipo de teoría es la más utilizada en la criminología, ya que la mayoría de estas se fundamentan en explicaciones[6].

- Tipologías descriptivas.

No se trataría de teorías explicativas como tal debido a que son meras descripciones de las propias conductas antisociales, delitos y crímenes[7].

- Tipologías predictivas.

Este tipo de teoría analiza la realidad para posteriormente realizar estudios que les lleven a futuras predicciones sobre posibles crímenes en un lugar, tipología de estos, quienes los llevan a cabo, reincidencia etc. También es una tipología muy utilizada en nuestra ciencia desde un punto de vista preventivo[8].

---

[5] DERECHO UNED. Apuntes. En: *Derecho Apuntes Isipedia* [en línea]. [Madrid] Derecho Uned,2009-2018 [consulta 4 de marzo de 2019] Disponible en: http://derecho.isipedia.com/optativas/introduccion-a-la-criminologia/03-la-teoria-criminologica.
[6] IBIDEM.
[7] ZAVALADA BAQUERIZO, Jorge. El fenómeno criminal. *Revista Juridica online* [en línea]. Guayaquil: Ciudad Universitaria, 1991, pp 69-71[consulta 9 de marzo de 2019] Disponible en: https://www.revistajuridicaonline.com/wp-content/uploads/1991/09/4_El_Fenomeno_Criminal.pdf
[8] DERECHO UNED. Apuntes. En: *Derecho Apuntes Isipedia* [en línea]. [Madrid] Derecho Uned,2009-2018[consulta 4 de marzo de 2019] Disponible en: http://derecho.isipedia.com/optativas/introduccion-a-la-criminologia/03-la-teoria-criminologica.

4.1.2 La criminología como ciencia multiparadigmática

La criminología es una ciencia empírica y multidisciplinar, pero además de ello al igual que otras ciencias como la psicología se trata de una ciencia multiparadigmática.

Las ciencias multiparadigmáticas, según la concepción de Kuhn de paradigma: "Constelación completa de creencias", son aquellas no pueden reducirse o limitarse únicamente a un paradigma, se trata de una ciencia que trata de interrelacionar diferentes paradigmas entre si apoyándose recíprocamente, buscando acercarse a una totalidad.

El origen de las ciencias paradigmáticas se fundamenta en la combinación de racionalismo y empirismo, es decir combinación de sentidos y razón. Donde el empirismo se basa en las propias experiencias mientras que el racionalista se fundamenta en la lógica de la vida cotidiana, dando lugar a un ideal.

De este modo, según Kuhn existe la posibilidad dentro de que existan diferentes paradigmas dentro de una ciencia los cuales no son comparables entre sí ya que se trataría de supuestos inconmensurables.

Así el autor profundiza en la idea de que existe la posibilidad de que en la ciencia criminológica cada época constituye un paradigma distinto y es difícil hacer comparaciones entre paradigmas diferentes. Un ejemplo básico que propone Kuhn es lo siguiente: "en la ciencia la acerca al arte: ¿es el románico superior al gótico o simplemente son diferentes, particulares de cada época".

Los paradigmas pueden considerarse "rendimientos científicos universalmente reconocidos que proporcionan durante un cierto tiempo modelos de problemas y soluciones a una comunidad de estudiosos".

Entendiendo este concepto de multiparadigmático, y lo que ello supone invita a pensar que la criminología y sus teorías, al tratarse de teorías multiparadigmáticas, suponen un conjunto de creencias, problemas y soluciones que guían el trabajo de la criminología como comunidad científica.

Así pues, no todas las teorías existentes en nuestra ciencia derivan de una misma época por lo que las comparaciones son imposibles. El hecho de que su existencia no sea correlativa supone unos criterios de evaluación diferentes y por ello no podríamos considerar una superior a otra. Cada teoría es acorde a su época.

Matizar que el propio Kuhn afirma que existen circunstancias "las que dos paradigmas pueden coexistir pacíficamente" si bien se apresuró a añadir en, que estas circunstancias serían más bien "raras".

De este modo la criminológica contemporánea es una ciencia empírica, multidisciplinar y multiparadigmática, haciendo posible de este modo que existan diferentes teorías ubicadas en paradigmas distintos y que no pueda decidirse racionalmente cuál es preferible ante otro abanico de posibilidades[9].

4.1.3 La moderna criminología científica: Modelos teóricos explicativos del comportamiento criminal

Como hemos comentado en el apartado anterior los paradigmas no son conexos en el tiempo, cada uno es propio de una época y lo mismo ocurre con las diferentes teorías criminológicas acerca del delito, las conductas antisociales y los crímenes.

Al tratarse de una ciencia paradigmática estas teorías son complementarías y no existe una superior a otro debido a que son diferentes en el tiempo.

Pues bien, entendiendo por teoría criminología la definición dada en el apartado primero, entendemos que la función de la criminología como ciencia, entre otras, es la de explicar mediante un argumento científico la etiología y génesis de este problema sociales y comunitarios [10].

Matizar como hemos comentado en el apartado dentro de las tipologías de las teorías que el más idóneo para ello serían las explicativas y por ello hacemos referencia a la misma en esta afirmación[11].

Para ello se utilizan modelos teóricos los cuales han ido variando a lo largo de la historia y entre los que cabe destacar los siguientes:

- La Criminología clásica y neoclásica.

---

[9] IBIDEM.
[10] Hemos hecho referencia en el apartado a la definición de criminología en el apartado "Definición de teoría criminológica y tipologías comunes"
[11] La tipología más idónea para la criminología parece ser las explicativa como se analiza en el apartado" Definición teoría criminológica y tipologías más comunes"

20

Este conjunto de teorías propias de la época se fundamentaba en la hipótesis de que los comportamientos humanos no se producían por causas y factores que desencadenen en determinados efectos. Así pues, se partía del dogma del libre albedrio. Se trataba de una tipología totalmente opuesta al conocido determinismo biológico o social. El crimen era una elección racional y libre, y su elección se hacía en base a criterios de utilidad y oportunidad de este.

- La Criminología positiva.

Surge a través de la Scuola Positiva y se vincula al paradigma etiológico, es decir, trata de buscas las causa o motivos por lo que se llevan a cabo conductas antisociales, delitos y crímenes. Esta rama sí que se relaciona con el determinismo ya que atribuye al comportamiento humano factores biológicos, psicológicos y sociales que van a determinar sus actos futuros.

- El marco de la Sociología Criminal.

También conocida como *labeling approach* esta teoría se fundamenta en la reacción social o el propio etiquetamiento. Es conocida a su vez como la teoría de la criminalización oponiéndose a las clásicas teorías de la criminalidad. A modo de resumen lo que intenta explicar esta teoría es que las conductas los actos antisociales y delictivos son llevados a cabo debido a un proceso de etiquetamiento dentro de las instancias del control social formal. Estableciendo así un rol a la sociedad sobre el status del autor.

- Diversas corrientes de la moderna criminología.

Dentro de este apartado se incluyen algunas como: "trayectorias criminales", la criminología del desarrollo, teorías del curso de la vida" se trata así de un abanico amplio más vinculado a la propia rama de la psicología que tiene como fundamento principal los procesos de consolidación de determinadas conductas[12].

Así pues, esta diversidad de tipologías muestra el amplio abanico "explicativo teórico" que existe dentro de la criminología como ciencia, los cuales no son opuesto sino perfectamente compaginables al tratarse de paradigmas distintos, los cuales han sido elaborados en diferentes épocas, circunstancias y ante diferentes variables.

---

[12] GARCIA PABLOS DE MOLINA, Antonio. *Criminología Una introducción a sus fundamentos teóricos*. 8ed. Valencia: Tirant lo Blanch, oct 2016. pp 332. ISBN 9788490530009.

Estaríamos antes una ciencia donde no se opta por establecer teorías generales, en este caso, teorías generales sobre la criminalidad.

4.1.4 El concepto de causa

Antes de centrarnos en este apartado comentar que todo lo que vamos a mencionar se basa en la definición de teoría criminológica en su tipología de teoría explicativa ya que como hemos analizado en el apartado primero es al parecer la más idónea para nuestra ciencia y más aún en relación con la temática del libro presentado.

Las teorías criminológicas tratan de ofrecer diferentes explicaciones de las conductas antisociales, delitos y crímenes, es decir, se preocupan por las causas.

No existe una explicación sin una causa, al igual que un efecto sin la misma. Siendo esto así toda explicación teórica sobre el delito lleva detrás de si una causa que la origina. La existencia de la causa nos permite responder a cuestiones básicas dentro de la ciencia como pueden ser: ¿Por qué algunas personas delinquen? ¿Por lo hacen más unas que otras? ¿Porque realizan determinados tipos de crímenes y no otros? ¿Por qué existe una determinada tasa de delincuencia en una sociedad o comunidad dada, y por qué varía esa tasa? [13].

Lo que tratamos de explicar es que toda teoría deriva en una causa que trata de explicar el delito, lo cual es la función primordial de las teorías criminológicas, entre otras. Siempre que buscamos el porqué de una determinada conducta, delito o crimen acudiremos en busca de una causa.

Expuesto lo anterior nos parece fundamental destacar en que consiste el concepto de causalidad. La causalidad se muestra como una relación entre dos fenómenos distintos, los cuales toman valores diferentes y sueles denominarse variables. Así pues, una variable es un fenómeno que a su vez puede ser cuantificado, medido y puede tener diferentes valores[14].

---

[13] DERECHO UNED. Apuntes. En: *Derecho Apuntes Isipedia* [en línea]. [Madrid]Derecho Uned,2009-2018[consulta 9 de marzo de 2019]Disponible en: http://derecho.isipedia.com/optativas/introduccion-a-la-criminologia/03-la-teoria-criminologica.
[14] Russell, B. (1912), "On the notion of cause", *Proceedings Aristotelian Society*, vol. 13, pp. 1-26.

Dentro de la criminología algunas de las variables a estudiar o tener en cuenta comúnmente son la pobreza, el nivel socioeconómico, sociocultural, las tasas delictivas, la gravedad, proximidad, y tipología de los mismos etc.

Las variables dentro de la causalidad tienen un factor fundamental. Entre estas existe una relación intimida en que la afección sobre una de estas produce un cambio en la otra. En la criminología, dentro del ámbito teórico explicativo criminal se origina este proceso.

La presencia de una variable, por ejemplo, la drogadicción, puede significar que exista otra que se mantenga presente debido a su correlación, como puede ser el robo o hurto. Además de que una variable pueda conllevar la existencia de otra también viene a determinar la magnitud de la siguiente, es decir, el aumento de una puede conllevar el descenso de la otras o viceversa originando que estos casos estemos ante una correlación o covariación entre dos variables.

A modo de ejemplo podríamos hablar de que el hecho de que exista un caso de maltrato infantil, (variable1) puede desencadenar en una conducta antisocial por parte del menor, lo que supondría una correlación.

Existen así pues dentro de la causalidad dos tipos de variables:

- Las independientes (que influyen sobre la otra).
- La dependiente (la que es influida).

En las teorías criminológicas de carácter explicativo se busca indagar en estas variables independientes y analizar cómo afectan otros variables dependientes generado una relación de causalidad entre diferentes fenómenos y así pues lograr alcanzar una explicación al delito.

Para que dichas teorías sean validas debe cumplirse determinados requisitos de causalidad:

1. Covariación. La existencia de una correlación entre dos fenómenos. A y B deben encontrarse asociadas estadísticamente en el sentido: de que la presencia de una vaya acompañada de la otra; o que variación de una vaya acompañada de la variación de la otras.
2. Orden temporal. Que el que constituye la variable independiente sea previo al otro. A debe ser temporalmente anterior a B, debe aparecer antes en el tiempo, se trata, pues de una cuestión de orden temporal: sólo lo previo puede causar lo posterior, y nunca al revés. Se trata de una exigencia lógica.

23

3. Que la relación no sea espuria. La ausencia de una tercera variable, que cuando se toma en cuenta, haga desaparecer la relación. La relación no debe desaparecer cuando se toma en cuenta una tercera variable, C, que sea previa a las otras dos.

De este modo cuando se produzcan estos 3 requisitos se puede considerar que existe una relación de causalidad entre dos variables diferentes[15].

"Consideramos que A es la causa de B si se satisfacen todos estos tres criterios; de ahí se sigue que demostrar que cualquiera de las tres es falso es suficiente para mostrar que A no es causa de B".

Un ejemplo seria la relación existente en un consumo de drogas y la delincuencia. Para muchos autores este consumo es previo al delito, pero no hay acuerdo unánime si este puede verse afectado por otras variables previas a la propia drogadicción como puede ser un entorno desfavorable, amigos delincuentes o un autocontrol bajo.

Esto nos lleva a concluir matizando lo siguiente: "Dentro la criminología el concepto de causalidad es necesaria y fundamental para el propio desarrollo de teoría explicativa del delito, pero bien es cierto que dicha causalidad adquiere una connotación probabilística, ya que, a diferencia de otras ciencias, la existencia de una variable independiente no conlleva necesariamente a que se origina una dependiente"[16].

Por ello no todos los drogadictos serian delincuentes, ni todos los delincuentes tiene problemas de drogadicción estaríamos ante lo que se conoce en la criminología como factores de predicción, los cuales son probables, pero no obligatorios[17].

Existen diferentes ramas criminológicas que sostiene que las teorías criminológicas son innecesarias. Algunas otras defienden que si lo son pero bastaría con modelos débiles.

---

[15] DERECHO UNED. Apuntes. En: *Derecho Apuntes Isipedia* [en línea]. [Madrid]Derecho Uned,2009-2018[consulta 21 de marzo de 2019]Disponible en:
http://derecho.isipedia.com/optativas/introduccion-a-la-criminologia/03-la-teoria-criminologica.
[16] Williamson, J. (2009), "Probabilistic theories of causality". En Beebee, H., Hitchcock, C., y Menzies, P. (Eds.), *The Oxford handbook of causation*. Oxford University Press.
[17] Estudios citados por GARRIDO GENOVÉS, "La investigación actual en la delincuencia juvenil...", cit., pág. 16.

Desde nuestro punto de vista y fundamentado en lo expuesto a lo largo del punto primero de este trabajo las teorías criminológicas son totalmente útiles para explicar el delito si somos conscientes de sus limitaciones

Las causas por las que se muestran como herramienta práctica dentro de nuestra ciencia y por la que deberíamos desprendernos de estas son las siguientes:

- Es una guía de investigación.

Las teorías criminológicas nos permiten a los criminólogos estar actualizados y clavados en el presente. Es la base fundamental sobre la que se sustenta cualquier estudio y por ello la causa primera. Actúa como introducción al estudio del delito permitiendo permite realizar predicciones. Permite establecer hipótesis testables y elaborar ante estas posibles refutaciones.

- Es indispensable para lograr una explicación razonada del delito.
- Fuente de Prevención.

Una teoría permite llevar a cabo una actuación preventiva posterior a su estudio. La faceta preventiva de la criminología no sería posible sin la función propia de las teorías explicativas, ya que supondría dar palos de ciego sin un sustento básica y con apoyo científico. Así pues, también se muestra necesaria para que pueda existir lo que hoy en día conocemos como Política criminal, la cual no debe apoyarse únicamente en teorías si no también hechos[18].

- Actúa como filtro.

El estudio del delito a través de las teorías permite establecer una barrera entre lo que debe y no debe tolerar una sociedad para su desarrollo, generando así la posibilidad de eliminar posturas intolerantes que conllevan en consecuencias no deseables, todo ello basado y fundamentado por un armazón teórico previamente estudiado.

- Causa explicativa de la correlación delictiva.

---

[18] AYOS, Emilio Jorge. Prevención del delito y teorías criminológicas: tres problematizaciones sobre el presente. *Estudios Socio-Jurídicos*, [S.l.], v. 16, n. 02, p. 265-312, jun. 2014. ISSN 2145-4531. Disponible en: https://revistas.urosario. edu.co/index.php/sociojuridicos/article/view/2528. Fecha de acceso: 20 mayo 2019 doi: http://dx.doi.org/10.12804/esj1 6.02.2014.09

La propia construcción de teorías abstractas en criminología viene determinada por el reconocimiento de que el delito correlaciona e incluso puede estar causado por múltiples factores.

- Permite construir relaciones empíricas complejas.

4.2 Criminología Ambiental

La criminología ambiental es indispensable para entender la teoría de las ventanas rotas. Por ello explicar en qué consiste y en qué se fundamenta es necesario para introducir dicha teoría y poder entenderla con claridad.

4.2.1 Definición de criminología

La criminología ambiental es una especialidad de criminología, por ello antes de proceder a su definición y para entender en que consiste y cuál es su objetivo creemos conveniente hacer una breve introducción sobre la definición de criminología en general.

A lo largo de la carrera y más en concreto en la asignatura de "Introducción a la criminología" hemos analizado diferentes definiciones de esta nuestra ciencia y entre ellas pretende destacar las más relevantes para así dar con una definición amplia y que abarca lo más posible nuestros temas de interés.

SUTHERLAND definía la criminología como: "El cuerpo de conocimiento sobre el delito como fenómeno social".

SUTHERLAND fue un sociólogo estadounidense el cual es considerado como uno de los criminólogos más influyentes del siglo XX se caracteriza por su la definición de "asociación diferencial", que es una teoría general del delito y la delincuencia que explica cómo los marginados han llegado a aprender las motivaciones y los conocimientos técnicos para cometer actividades criminales[19].

---

[19] UNIVERSIDAD DE BARCELONA, Criminología. *Studuco* [En línea] Barcelona [consulta:30 de marzo de 2019]Disponible en: https://www.studocu.com/es/document/universitat-de-barcelona/criminologia/apuntes/teoria-de-la-asociacion-diferencial/2421829/view

En cuanto a la definición de criminología que nos da Sutherland es evidente que es que es una definición demasiado escueta propia de la época, en la cual, aparecen dos conceptos claves como son delito y fenómeno social.

Desde nuestro punto de vista esta definición reduce demasiado su objeto de estudio, únicamente al delito, basando más en la criminología clásica y desvinculándose de la criminología moderna la cual hace referencia también a otros objetos de estudio como la víctima.

El punto positivo de esta teoría se fundamenta en que hace principal hincapié en el fenómeno social, ya que el crimen no es solo competencia del sistema penal, sino de todos, de todos aquellos que formamos la sociedad por lo la tanto la criminología es un fenómeno social en el cual todos debemos contribuir ayudando en la reinserción y ya que no se puede eliminar por lo menos reducirlo y evitarlo en la medida que podamos[20].

SEELING sin embargo la define como: "Ciencia que estudia los elementos reales del delito".

ERNST SEELING fue un jurista y criminólogo austriaco que vivió desde los años 1890 hasta mediado del siglo 20, dentro del mundo de la criminología se caracterizó por utilizar un "procedimiento combinado" (tipificación fenomenológica, a partir de la observación directa de los delincuentes añadiéndoles una nota psicológica), de propiedades de carácter y formas de vida y por hacer hincapié en la prevención del delito.

En cuanto a la definición nos parece acertada debido a que ya empieza hablar de *ciencia,* aunque no llega a determinar qué tipo de ciencia a diferencias de otros autores.

Por ejemplo, ANTONIO GARCIA-PABLO DE MOLINA sí que la determina como ciencia empírica la cual se puede analizar, y utiliza métodos y técnicas para llevar a cabo una investigación y obtener un resultado de esta. Otro aspecto positivo de su definición es la referencia que hace a los de "elementos reales del delito", es decir,

---

[20] Reflexión propia realizada en la asignatura "introducción a la criminología" sobre las diferentes definiciones de esta ciencia en base a los conocimientos aportados por la profesora Silvia Sempere Faus.

del comportamiento del delincuente y los efectos de ese comportamiento produce en el mundo exterior[21].

Como critica nos reiteramos en lo anterior, habla de ciencia, pero no la termina de determinar como una ciencia interdisciplinaria empírica, es demasiado genérico e interpretamos que hablando únicamente de ciencia puede llevarnos a una confusión[22].

STEFANI la concibe como: "ciencia que estudia la delincuencia para investigar sus causas, su origen, su proceso y consecuencia".

En cuanto a su teoría consideramos como en la anterior que esta acertada hablando de ciencia, pero aun así sigue siendo muy amplio el significado de ciencia y por ello se debería concretar más, clasificándola ya que puede tratarse de ciencias muy diversas, al igual que su predecesora se trata de un estudio criminológico más antiguo ya que habla solo de delincuencia y no de la víctima del delito.

En la criminología actual, como hemos visto en clase, ya no se habla solo de delincuencia para estudiar un delito sino también tiene vital importancia la víctima, es decir el estudio va más allá del delito, nos aproxima también a la victimología[23].

MANUEL LOPEZ REY la define como: "El conjunto de conocimientos, teorías, resultados y métodos que se refieren a la criminalidad como fenómeno individual y social, al delincuente, a la víctima, a la sociedad en parte y, en cierta medida, al sistema penal"

MANUEL LOPEZ REY ARROJO, catedrático y una de las personalidades más conocida en la rama de criminología, catedrático en Cambridge en derecho penal y criminología, fue autor de más de 200 publicaciones y fue propuesto para ser investido doctor honoris causa por la complutense[24].

---

[21] GARCIA PABLOS DE MOLINA, Antonio. *Criminología Una introducción a sus fundamentos teóricos.* 8ed.Valencia: Tirant lo Blanch, oct 2016. Pp 35-36. ISBN 9788490530009.
[22] Reflexión propia realizada en la asignatura "Introducción a la criminología" sobre las diferentes definiciones de esta ciencia en base a los conocimientos aportados por la profesora Silvia Sempere Faus.
[23] IDEM.
[24] UNIVERSIDADCARLOS III DE MADRID. *Diccionario de catedráticos españoles del derecho.* [en línea]. Madrid: Universidad Carlos III de Madrid,2017 [consulta 30 de marzo de 2019] Disponible en: http://portal.uc3m.es/portal/page/ portal/instituto_figuerola/programas/phu/diccionariodecatedraticos/lcatedraticos/lopezrey.

Esta definición, a diferencia de la anterior es una de más completa que podemos encontrar. Esto se debe a que hace referencia a los conocimientos y todos sus complementos como teorías, resultados y métodos relacionados, pero no solo como fenómeno individual sino como fenómeno social.

A su vez nos parece un aspecto positivo y mucho más actual que hable de víctima y no solo de delincuente, lo que no acerca más al problema criminal y no lo enfoca únicamente en el delincuente. Manifestando así que el crimen es fenómeno social que afecta a todos por lo que la criminología es una ciencia de vital interés para todos nosotros, la sociedad en su conjunto.

Matizar que un aspecto negativo de dicha definición es que no incorpora a la misma elementos reales de la criminología. Ignora su origen, su raíz, el proceso y el impacto que este produce.

Otro aspecto a tener en cuenta es que no menciona el concepto de ciencia y mucho menos nos acerca a una ciencia practica como es la criminología, la cual se preocupa de los problemas y conflictos concretos, lo que elimina la posibilidad de que el criminólogo elabore teorías para buscar soluciones.

A modo de conclusión y recogiendo todos los matices de interés que recoge estas definiciones podrían definirla como" una ciencia empírica que estudia los elementos reales del delito y todo lo que lo relaciona a su vez estudia la delincuencia para investigar sus causas su origen su proceso y consecuencia, y a la víctima, mientras que trata otros aspectos como métodos, teorías y conocimientos que se refieren a la criminalidad como un fenómeno social.

En cuanto a la definición más acertada destacaríamos la de MANUEL LOPEZ REY ya que esta se acerca mucho al objeto de estudio de esta ciencia y ha sido redactada por un catedrático y especialista en derecho penal de gran influencia que ha tenido en la criminología.

En definitiva, una buena definición de criminología debe contener en si los aspectos básicos o pilares fundamentales de esta como son el delito, el delincuente, la víctima y el control social.

A su vez debemos encontrar en ella las funciones básicas de la criminología como la prevención, la intervención y el saber científico. Sin olvidar que debe mencionar que se trata de una ciencia empírica e interdisciplinar y que se la misma supone un problema social que nos afecta a todos y se lleva a cabo a través de métodos[25].

4.2.2 Definición de Criminología Ambiental

Una vez concretado la definición de criminología como tal explicaremos en que consiste la criminología ambiental.

Por "criminología ambiental" entendemos que es una "especialidad de la criminología". La criminología como ciencia y está en su faceta de multidisciplinar posee diferentes ramas y fuentes de las que se nutre, así pues esta especialidad se centra en aportar conocimientos y soluciones en diferentes áreas en las que se focaliza el delito mediante un análisis, intervención y procesos de prevención.

Nos parece relevante matizar la diferencia entre criminología ambiental y los delitos ecológicos ya que puede llevar a equivocación. Esta especialidad se centra en la etiología del delito.

Partiendo de la base de que todos los delitos se cometen en un espacio tiempo y el primero de ellos siempre es un factor a tener en cuenta matiza "En qué medida el contexto, el escenario de conducta, puede explicar la transgresión de la norma y el comportamiento antisocial"[26].

El campo de estudio de la criminología ambiental tiene en cuenta los factores espacio tiempo los cuales siempre actúan mediante una sinergia adherida. Sin embargo, esta especialidad se centra en las características propia de dicho escenario, tanto física como sociales, abarcando así su campo de estudio.

La criminología ambiental no tiene como objetivo explicar el delito reduciéndose a la variables ambientales y escenarios donde se origina el delito. Como especialidad de esta, busca complementar a la criminología como ciencia madre para que conjuntamente juntos otras especialidades se pueda predecir, prevenir y explicar todas aquellas conductas antisociales, delitos y crímenes que se originan en la sociedad.

---

[25] Reflexión conjunta del alumnado realizada en la asignatura "introducción a la criminología" sobre las diferentes definiciones de esta ciencia en base a los conocimientos aportados por la profesora Silvia Sempere Faus.
[26] Cita de San Juan Guillen extraída de apuntes de clase Criminalística.

El ambiente es un factor relevante en la comisión de conductas criminales ya que contribuye como elemento criminógeno. Existen diferentes y diversos como la edad, el ADN y factores psicológicos los cuales junto el ambiente puede aportar información relevante acerca del crimen y nutrir nuestra ciencia.

En definitiva, la criminología ambiental es una especialidad de la misma, que centrándose en el escenario y su ambiente actúa como elemento criminógeno esencial para la predicción, prevención y explicación del delito[27].

4.2.3 Teorías del campo de la criminología ambiental. Teorías sobre estructuras de oportunidad para el delito

Las oportunidades se originan en un tiempo y un espacio determinado y estas son clave para la comprensión del delito. Autores relevantes dentro de la criminología como son FELSON y CLARCKE a finales del siglo XX, más en concreto en 1998, establecieron 10 principios de la oportunidad del delito[28].

Los diez principios de la oportunidad y el delito son:

- Las oportunidades desempeñan un papel en la causalidad de todo delito.
- Las oportunidades delictivas son sumamente específicas.
- Las oportunidades delictivas están concentradas en el tiempo y el espacio,
- Las oportunidades delictivas dependen de los movimientos cotidianos.
- El delito crea oportunidades para otro.
- Algunos productos ofrecen oportunidades delictivas tentadoras.
- Los cambios sociales y tecnológicos producen nuevas oportunidades delictivas.
- Las oportunidades delictivas pueden reducirse.
- La reducción de oportunidades no suele desplazar el delito.

---

[27] MARTINEZ ROIG, Angel. *Criminología ambiental y SIG, una aplicación práctica en Castellón de la plana.* [en línea]. Modesto Joaquin Beltran Salvador dirs. TFG. Universitat Jaume I ,2016 [Consulta: 2 de abril de 2019] Disponible en: http://repositori.uji.es/xmlui/handle/10234/161313.
[28] FELSON, M., y CLARCKE, R. V. G. de Opportunity makes the thief: Practical theory for crime prevention, Vol. 98, Home Office, Policing and Reducing Crime Unit, Research, Development and Statistics Directorate. 50 Queen Anne's Gate, London, 1998.

- Una reducción de oportunidades focalizada puede producir un descenso de delitos más amplios[29].

Tomando como base estos principios se evidencia la importancia que tiene la oportunidad de delinquir como un factor determinante a la hora de actuar de una determinada manera u otro. La oportunidad crea un efecto llamada y como establece el proverbio esta misma crea al ladrón.

Para ello nos centraremos en analizar y explicar las cuatro teorías que dan sustento teórico a estos principios, entre la que encontraremos la teoría de las ventanas rotas que supone el núcleo central del trabajo.

Nos hemos centrado en estas 4 teorías ya que se trata de unas de las teorías más importantes dentro de la criminología, además de tener un factor criminógeno común, como es el ambiente. Analizar estas cuatro nos permitirá contextualizar "La teoría de las ventanas rotas" dentro de una amplia gama de teorías que existen dentro de la criminología pero con focos centrales diferentes, como podría ocurrir con las teorías biologicista, entre otras.

4.2.3.1 La teoría de la elección racional

Hablar de elección racional es hacer referencia a la Escuela Clásica de la Criminología. La teoría de la elección racional fue formulada por WILSON y HERNSTEIN a finales del siglo XX, más en concreto, en el año 1985.La autoría de esta teoría también está vinculada a CLARKE y CORNISH en 1986[30].

El núcleo central de esta teoría se basa en la idea del delito como "conducta intencional diseñada para beneficiar de alguna manera al delincuente".

El hedonismo adquiere un matiz relevante en esta teoría. Por lo que los beneficios que le otorgan al delincuente el propio delito le supondrían un placer, pero no inmediato y sensorial como supone la doctrina ética. El delito se mostraría además como la búsqueda del placer y bienestar en todos los ámbitos y facetas de la vida.

---

[29] CRIMINA CENTRO PARA EL ESTUDIO Y PREVENCIÓN DE LA DELINCUENCIA. Terminó crimipedia: criminología ambiental. En: *Crimina.es* [en línea][Elche] Universidad Miguel Hernandez., 2014 [consulta 3 de abril de 2019]. Disponible en: http://repositori.uji.es/xmlui/handle/10234/161313.
[30] CORNISH, D. y CLARKE, R. V. (coord.) (1986), The Reasoning Criminal: Rational Choice perspectives on offending, Nueva York: Springer-Verlag.

Esta corriente se centra en el principio de placer, la lucha del placer frente al sufrimiento en términos filosóficos, en términos económicos se relacionaría con el valor o la utilidad mientras que en la psicología se asocia a la recompensa o el reforzamiento como tal.

Los autores defienden que el delincuente actúa de una determinada manera u otra en búsqueda de un beneficio corto plazo que le suponga placer o para evitar consecuencias que no son de su agrado.

Por ello hablar es importante matizar que el delito se puede originar no en busca de un beneficio como tal si no para evitar un prejuicio, lo cual al final sería un beneficio y supondría un placer por alivio que supone evitar dichas consecuencias desagradable.

Pues bien, el número de recompensas asociadas a conductas antisociales, delitos y crímenes son números. Podemos hablar de gratificaciones a nivel emocional, sensorial, ganancias materiales, inclusión en un colectivo, sentimentales y muchísimas más.

Con las consecuencias desagradables sucede algo similar ya que la conducta puede ser guiada para evitarlas como ocurre con el temor a desaprobación colectiva o de un grupo determinado o temor a sufrir algún mal.

CORNISH y CLARKE, en el año 1975 llevará a cabo un estudio que les permitió modelar de algún modo la relevancia del ambiente en la conducta. Las ideas en las que se centraba eran cuatro[31]:

1. El ambiente inmediato es uno de los determinantes de la conducta delictiva.
2. El ambiente estimula y refuerza la conducta.
3. Las conductas se aprenden en ambiente concretos por lo que se repetirán en ambientes semejantes.
4. Las variables situacionales de un delito no se relacionan con otro tipo de conducta delictiva.

---

[31] CORNISH, D. B. y CLARKE, R. V. (2003). Opportunities, precipitators and criminal decisions: A reply to Wortley's critique of situational crime prevention. En M. Smith y D.B Cornish (Coords.), Theory for Practice in Situational Crime Prevention - Crime Prevention Studies Vol. 16. Monsey, NY: Criminal Justice Press

En el 1985 WILSON y HERNSTEIN realizan otro modelaje cuyo núcleo se entra no tanto el ambiente si no en la relación que puede existir entre la conducta y una posible ganancia u perdida.

Para ello se centran en dos elementos claves que determinan la conducta en base a dichas consecuencias[32]:

1. La certeza o incerteza de obtención del beneficio.
2. El grado de inmediatez o demora de obtención del beneficio.

Establecen que mediante que la recompensa se prolonga y demora en el tiempo la posibilidad de conducta delictiva decae mientras que si esta es inmediata la probabilidad de comisión aumenta. Lo mismo ocurría con el otro factor determinante, si existe una certeza de obtención de dicha gratificación búsqueda aumentaran las posibilidades mientras que si la posibilidad es menor también lo será la de la comisión de dicha conducta. En conclusión, estos dos aspectos más las posibilidades de ganancias o pérdidas que derivan de la comisión serán los que determinen su posible desarrollo.

Un año más tarde CLARKE y CORNISH siguieron indagando y elaboraron un modelo que incluye diferentes factores que pueden repercutir en mayor o menor medida a que se origine un delito.

---

[32] WILLSON, J. Q. & HERRNSTEIN, R. J., Crime and Human Nature, New York: Simon and Shuster, 1985.

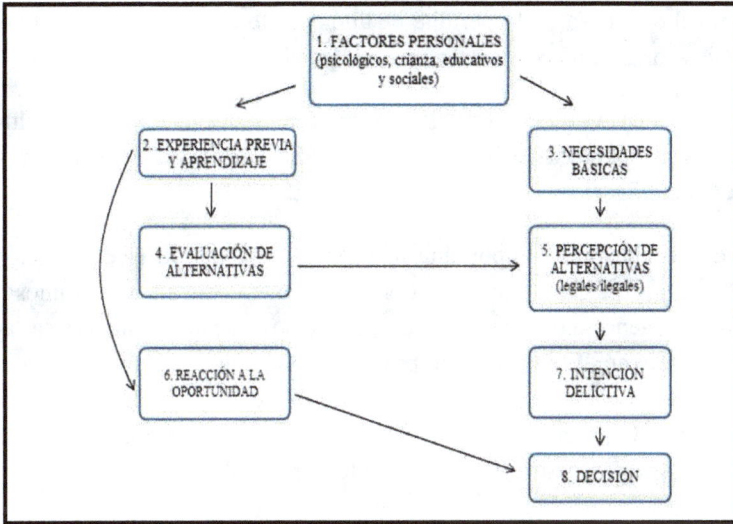

1. FACTORES PERSONALES
(psicológicos, crianza, educativos y sociales)

2. EXPERIENCIA PREVIA Y APRENDIZAJE

3. NECESIDADES BÁSICAS

4. EVALUACIÓN DE ALTERNATIVAS

5. PERCEPCIÓN DE ALTERNATIVAS (legales ilegales)

6. REACCIÓN A LA OPORTUNIDAD

7. INTENCIÓN DELICTIVA

8. DECISIÓN

Ilustración 1: Teoría del delito como elección racional: modelo de inicio de la conducta delictiva del robo. Imagen obtenida Dirección: http://crimina.es/crimipedia/topics/teoria-de-la-eleccion-racional-de-cornish-y-clarke/

CRALKE & ERK en el año 2008 establecieron a su vez otro modelo en el que incluyen 6 conceptos claves sobre cualquier comportamiento delictivo.

1. El comportamiento es racional.
2. Dependiente del delito que se vaya a cometer la toma de decisiones para ello serán específicas del mismo.
3. Existen tres fases de la implicación de actividades delictivas: iniciación, habituación y abandono.
4. Existe un propósito.
5. Los pasos y las decisiones marcan una secuencia a la hora desarrollar el delito.
6. Los delincuentes actúan por elección lo que permite clasificar su implicación en el mismo y el evento de este como tal[33].

En cuanto a las últimas aportaciones a esta teoría en 2004 SERRANO critica la idea de que los delitos se cometen mediante el uso de raciocinio. Trata de explicar casos

---

[33] CLARKE, R. V. & ECK, J. E., Crime analysis for problem solvers in 60 small steps, México, D. F., 2008.

donde el nivel cognitivo no lo permite o simplemente el breve espacio de tiempo no permite que se origine una operación racional previa[34].

Ante esta crítica CLARKE y CORNISH defienden la idea que incluso en situaciones imprevisibles, espontaneas e inmediatas los delincuentes actúan bajo un nivel de raciocinio y planificación[35].

A modo de conclusión es importante matizar que, aunque la elección sea racional para esta teoría, y dentro de la misma el delincuente actúa en base a unos costes o beneficios a obtener no quiere decir que dicho cálculo siempre sea acertado. Siguiendo a Sullivan "El presupuesto principal de la teoría económica no afirma que las personas no cometan errores (en sus cálculos de costes y beneficios) sino más bien que actúan de acuerdo con su mejor interpretación acerca de sus posibilidades presentes y futura y en base a los recursos que disponen"[36].

4.2.3.2 Teoría de las actividades rutinarias

La teoría de las actividades rutinarias fue elaborada en 1979 por MARCUS FELSON y LAWERENCE E. COHEN. Esta teoría también es conocida como la "Teoría de la oportunidad".

En cuanto a su historia esta surgió en momentos donde las condiciones económicas y los niveles de bien estar habían mejorado, pero no se habían reducido la tasa de criminalidad. Este dato llevo a los autores a indagar en el tema hasta que dieron con un aspecto hasta ahora oculto. En los últimos años se había producido un cambio notable en cuanto a las actividades rutinarias de las personas en su día a día. Las personas se desplazaban más, durante periodos de tiempo más prolongados, pasaban más tiempo fuera de sus hogares, llevaban consigo objetos de valor y dinero. Todo este cumulo de factores aumentaba así las posibilidades de delinquir de manera exitosa.

Surgió así la idea de una sinergia que se producía entre las actividades rutinarias de personas no delincuentes con aquellas actividades y rutinas de los que si lo eran. La convergencia espacio temporal de los sujetos generaba la comisión de delitos.

---

[34] SERRANO MAILLO, A., Introducción a la criminología, Madrid, 2004.
[35] CORNISH, D. y CLARKE, R. V. (coord.) (1986), The Reasoning Criminal: Rational Choice perspectives on offending, Nueva York: Springer-Verlag.
[36] MARTINEZ ROIG, Angel. *Criminología ambiental y SIG, una aplicación práctica en Castellón de la plana*. [en línea]. Modesto Joaquin Beltrán Salvador dirs. TFG. Universitat Jaume I, 2016 [Consulta: 2 de abril de 2019] Disponible en: http://repositori.uji.es/xmlui/handle/10234/161313.

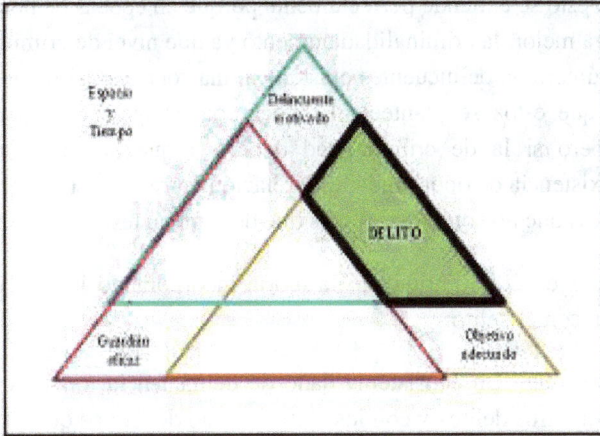

Ilustración 2: Factores determinantes en la congruencia espacio tiempo. Imagen obtenida en Dirección: http://cj-worldnews.com/spain/index.php/en/criminologia-30/menores-y-violencia/item/2987-aproximacion-preventiva-al-denominado-online-child-grooming

La teoría de las actividades rutinarias o también conocida como teoría de la oportunidad adquiere este nombre debido a que está formado por tres elementos que una vez coinciden en el espacio tiempo dan lugar a una oportunidad para la comisión de delitos y con ello el aumento de las tasas de criminalidad.

Estos tres elementos son:

1. Delincuente motivado-con las habilidades propicias para su comisión.
2. Objeto o victima adecuado.

FELSON introdujo en 2004 cuatro elementos que determinan la posibilidad de ser victimizado:

   a) El valor del objeto o la victima para el delincuente.
   b) La dificultad en su transporte, inercia.
   c) La visibilidad o exposición de estos.
   d) El acceso a la víctima u objeto.

1. Ausencia de eficaces protectores-haciendo referencia a cualquier sujeto que pueda intervenir en la interrupción del acto, policía, ciudadanos sin considerar al propio sujeto como tal.

Analizado todo esto se entiende perfectamente porque en épocas de bonanza donde el nivel de vida era mejor, la criminalidad aumento ya que nivel de criminalidad no va a depender del número de delincuentes existen en una sociedad, si no en las diferentes oportunidades que estos se planteen. Es decir, puede que no aumente la tasa de delincuentes, pero si la de criminalidad debido a que las situaciones son más propicias. La existencia de oportunidades y relación entre las actividades rutinarias de delincuentes y los que no son factores más que determinantes.

FELSON además en 2006 enriqueció la teoría incorporando la idea de ecosistema vivo en relación con el delito.

El autor propuso que "Un ecosistema dado de delincuencia toma en consideración interacciones con otros delitos y con los ambientes no delictivos que lo envuelven. Se trata de un sistema dinámico, vivo, que permite al delito revivir y a veces florece. Así, por ejemplo, el ecosistema del robo de coches debe tomar con consideración la interrelación entre el propietario del vehículo, el ladrón, los vendedores de coches y los talleres de reparación, y como en las rutinas legales de la vida cotidiana los coches quedan a menudo expuestos de manera descontrolada. La ecología de la delincuencia estudia los ecosistemas delictivos, tanto a gran escala como a pequeña".

Entendemos que lo que el autor intenta reflejar con esta argumentación que el delito igual que la vida es un continuo cambio sometido a muchos factores los cuales todos deben tenerse en consideración a la hora de su prevención[37]/[38].

4.2.3.3 Teoría del patrón delictivo

La teoría del patrón delictivo fue desarrollada en 1991 por PAUL y PATRICIA BRANTINGHMA. Se trata de una teoría que abarca otras como son la teoría de la elección racional, la teoría de las actividades rutinarias y los factores ambientales para dar una explicación del delito.

Su eje central gira en torno a la existencia de tendencias o patrones que se dan en determinados puntos conflictivos.

---

[37] FELSON, M., Part One Understanding the crime event, punto 4 Routine activity approach, de Environmental Criminology and Crime Analysis, Wortley, R. and Mazerolle, L, Devon, UK, 2008, págs. 70-78.
[38] MARTINEZ ROIG, Angel. *Criminología ambiental y SIG, una aplicación práctica en Castellón de la plana.* [en línea]. Modesto Joaquin Beltran Salvador dirs. TFG. Universitat Jaume I ,2016[Consulta: 2 de abril de 2019]Disponible en:
http://repositori.uji.es/xmlui/handle/10234/161313

La definición más adecuada que podríamos dar de esta teoría es aquella en la que se analizan cuatro puntos de interés como son: la propia ley, la infracción, la victima/objetivo y el espacio-tiempo donde se desarrolla.

La teoría del patrón delictivo hace especial hincapié en el concepto de espacios de actividad y espacios familiares. Pues bien, siendo estos diferentes mantienen una relación directa ya que los espacios de familiares serían aquellos donde el delincuente establece su zona de confort. Mientras que los espacios de actividad son los que originan esta zona de confort debido a que incluyen aquellos espacios donde el individuo trabaja, estudia, vive o se divierte, es decir lo que al fin y al cabo viene a determinar su zona de confort.

El ambiente es determinante para esta teoría ya que determina que "El sujeto que pretende cometer un delito utilizara las claves que este le proporciona para localizar e identificar a sus individuos, y gracias a la experiencia generará un esquema interno que tendrá influencia en sus futuras conductas de búsqueda y elección de sus objetivos".

Esta teoría tiene tres conceptos principales:

- Nodos: Son los puntos desde donde y hasta el cual se trasladan los delincuentes. Los nodos y sus puntos cercanos serán las zonas de comisión del delito.
- Rutas: Son los caminos que abarcan diferentes nodos. Los delincuentes tienden a buscar oportunidades en los nodos o en las rutas que conforman su espacio familiar y por tanto espacio de actividad.
- Límites: Son ubicaciones de interés o importantes para el delincuente. Se caracterizan por poseer una amplia gama de oportunidades para delinquir ya sea por falta de guardianes o por el gran número de personas que en ellos se mueven, ya sea por trabajo, diversión o residencia.

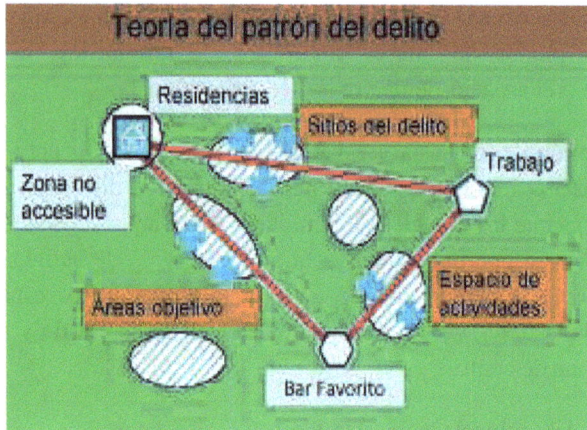

Ilustración 3: Elementos que confeccionan los espacios de actividad. Imagen obtenida en Dirección: Repositori de la Uji, Criminología Ambiental y SIG una aplicación práctica en Castellón de la Plana.

La dimensión de los espacios de actividad pueden ser más amplios o más pequeños dependiendo del individuo y su espacio familiar. La dimensión de espacio de actividad de un repartidor o una persona activa y viajera será mucho mayor que el de un delincuente sedentario.

Esta teoría facilita su entendimiento a través del concepto de "mapa cognitivo". Se entiende por mapa cognitivo aquel que se realiza en la cabeza del delincuente basándose en espacios familiares que originaran los espacios de actividad. Los nodos, rutas y limites que confeccionan el mismo será los puntos de conflicto donde el individuo seleccionará sus víctimas u futuros objetivos[39].

SMITH & PATTERSON en el año 1980 establecieron la idea que dichos mapas cognitivos que tiene cada delincuente le permiten establecer objetivos y que el crimen se desarrollara en base a los procesos de análisis, reconocimientos, predicciones,

---

[39] BRANTINGHAM, P. L. y BRANTINGHAM, P. J. (1993). Nodes, paths and edges: Considerations on the complexity of crime and the physical environment. Environmental Psychology, 13, 3-28.

40

evaluaciones y actuaciones que se elaboren sobre el mismo. En conclusión, el mapa cognitivo es el marco sobre el que actuaría el individuo[40].

VICENTE GARRIDO GENOVES, juntos a otros autores de relevancia como son P.STANGELAND y S. REDONDO incorporaron a esta teoría algunas adaptaciones. Dichas adaptaciones se centran en enfocar el delito en relación a cuatro factores que lo determinaran:

- La existencia de un delincuente motivado.
- Las oportunidades para delinquir que le ofrece su vida diaria.
- La aparición de sucesos desencadenantes.
- El guion previo del delito que el delincuente elabore en base a experiencia acumulada.

Además, estos autores aportan el concepto de obstáculos que anteriormente no venía establecido en dicha teoría. Señalan así que estos obstáculos serán los que "decidan el transcurso de la acción". Ya que los mismos suponen en muchas ocasiones intentos de delinquir fracasados y por ende un descenso de volver a intentarlo. Las rejas, los guardianes, la protección social parece ser elementos disuasorios que impiden que los delincuentes se sientan cómodos en estos espacios familiares y de actividad reduciendo así la tasa delictiva[41].

4.2.3.4 La teoría de las ventanas rotas

La teoría de las ventanas rotas es el eje central de este nuestro trabajo y por ello nos limitaremos a hacer una breve introducción de la misma que en posteriores puntos desarrollaremos.

La teoría de las ventanas rotas es una teoría que busca explicar como la falta de control informal aumenta la delincuencia. Esta teoría surge de un experimento social realizado por PHILIP ZIMBARDO en el cual se llega a la idea de que la ausencia de

---

[40] SMITH, C. J. & PATTERSON, G. E., Cognitive mapping and the subjective geography of crime, en D. E. Georges-Abeyie & K. D. Harries (Eds.), Crime: A spatial perspective, New York: Columbia University Press (1980).
[41] MARTINEZ ROIG, Ángel. *Criminología ambiental y SIG, una aplicación práctica en Castellón de la plana*. [en línea]. Modesto Joaquín Beltrán Salvador dirs. TFG. Universitat Jaume I ,2016[Consulta: 2 de abril de 2019]Disponible en: http://repositori.uji.es/xmlui/handle/10234/161313

orden y control supone un aumento de la delincuencia, mientras que el orden y el un mantenimiento en buen estado del espacio y el ambiente la resguarda.

Los autores de esta teoría son WILSON y KELLING, quienes en 1982 dieron los primeras pincelas sobre la misma la cual fue enriqueciéndose posteriormente por SKOGAN en 1990 y en 1996 por KELLING y COLES.

A lo largo del trabajo se ejemplifica sus diversas aplicaciones y funcionalidad, pero es importante destacar de manera introductoria a modo explicativo el análisis que hacen de la misma VICENTE GARRIDO GENOVES, STANGELAN y S. REDONDO[42].

Un análisis de esta ilustración permite concluir que el miedo que generan los actos delictivos fomenta una ansiedad y despreocupación sobre el espacio, reduciendo así su control informal y cuidado para derivar en un deterioro posterior del mismo y el aumento de la tasa de criminalidad.

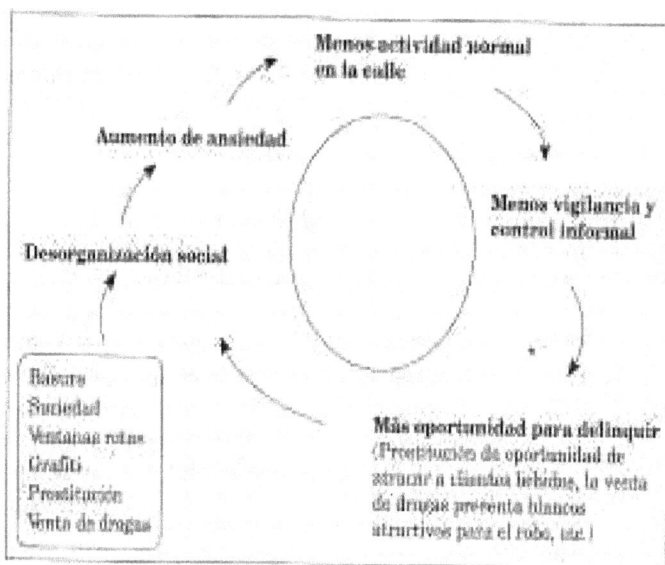

Ilustración 4: Factores que interrelacionan aumentando el delito según la teoría de las ventanas rotas. Imagen obtenida en Dirección: Repositorio de la UJI, Criminología Ambiental y SIG una aplicación práctica en Castellón de la Plana.

---

[42] GARRIDO GENOVES, Vicente, REDONDO ILLESCAS SANTIAGO. *Principios de criminología.*4 ed. Valencia: Tirant lo blanc, 2013. ISBN 9788490531457 pp 44-46.

Esta teoría se centra principalmente en fomentar un control social y policial de las actividades callejeras, de mantener el orden mediante figuras policiales con actividades de guardia más que represivas. Según KELLING y COLES en 1996 la reducción de actividades delictivas en la ciudad se debe a un modelo policial cercano, de barrio, próximo y a pie[43,44,45].

4.3 Experimentos sociales y psicología social

Iniciado el marco teórico de este nuestro trabajo nos parece fundamental explicar los experimentos más relevantes propios de la psicología social, enfocados a entender el comportamiento humano, que tengan vinculación con la criminología.

De este modo pretendemos ir enfocando nuestro trabajo al punto central del mismo, como es la teoría de las ventanas rotas. Pero a su vez dando una visión de diferentes perspectivas relacionadas con la misma para así tener una visión en contexto.

Uno de los puntos donde las ciencias de la conducta tienen mayor conflicto sin duda es en el campo de la experimentación, sin duda el punto que dificulta su desarrollo es evidente cuando dichos procesos tienen una relación directa con el comportamiento humano el cual de un modo u otro está sujeto a normas éticas[46].

Aun así, en el siglo XX se desarrollaron numerosos experimentos sociales por parte de investigadores que tenían como objetivo principal investigar la conducta humana aprovechándose de la falta de claridad y matices de importancia en cuanto a los principios éticos comentados anteriormente, de este modo, fueron vulnerados apoyados por la falta de veracidad en la información, ausencia de respeto y coacción.

Pues bien, explicado el porqué de estos experimentos sociales y su complejidad es importante destacar que estos son una fuente primaria de información crucial para nuestra ciencia, su avanza y estudio. Los experimentos sociales que mayor impacto

---

[43] KELLING, G. y COLES, C., Fixing broken windows, Nueva York, 1996.
[44] MARTINEZ ROIG, Ángel. *Criminología ambiental y SIG, una aplicación práctica en Castellón de la plana*. [en línea]. Modesto Joaquín Beltrán Salvador dirs. TFG. Universitat Jaume I ,2016[Consulta: 2 de abril de 2019]Disponible en:
http://repositori.uji.es/xmlui/handle/10234/161313
[45] Nos centraremos en explicar este matiz en los siguientes puntos del trabajo.
[46] Importante matizar que la moral se refiere al conjunto de normas y principios propios de una cultura sus costumbres, mientras que la ética va más allá ya que indaga en el estudio y posterior reflexión sobre la moras, y esto permite al individuo discernir entre el bien y el mal.

han tenido a lo largo de la historia son muchos, pero a continuación nos dispondremos a explicar y analizar los más importantes, y los que mayor impacto han tenido en la compresión del crimen, el delito y las conductas antisociales. Importante a su vez matizar que dicha influencia se ha originado de manera indirecta, ya que no bien de manera directa, se ha necesitado aportaciones de un grupo criminológico para extrapolar las conclusiones de los mismos.

4.3.1 Los 5 grandes experimentos sociales de la criminología
4.3.1.1 El experimento de las ventanas rotas

El autor de este experimento es el reconocido, y autor de otros muchos, el psicólogo PHILIP ZIMBARDO especialista en la psicología social.

Antes de desarrollar cada experimento nos gustaría introducir los mismo a través de una cuestión a resolver. En el caso de la Teoría de las ventanas rotas núcleo fundamental de este libro es: ¿Existe un contagio en cuanto a la imagen de desinterés, despreocupación y deterioro? Pues bien, para dar respuesta a esta pregunta no hay mejor manera que la de exponer dicho experimento.

El experimento consiste en colocar dos automóviles idénticos en dos barrios totalmente diferentes en cuanto a ámbito social y nivel adquisitivo. La ciudad de Nueva York fue en lugar donde se realizó y los barrios serian el Bronx, conflictivo y pobre, y el otro, Palo Alto, con condiciones socioeconómicas más favorables.

La pregunta que surgió fue: ¿Cuál será vandalizado? La respuesta parece obvia a simple vista, pero él porque no lo fue tanto. El coche dejado en la zona conflictiva del Bronx rápidamente fue vandalizado, a las pocas horas empezaron a desvalijarlo y sacar de él todo el provecho que pudieron.

Sin embargo, en la lujosa zona de Palo alto, los acontecimientos fueron diferentes. Paso una semana y el coche se encontraba en perfectas condiciones, sin embargo, con el paso del tiempo el psicólogo PHILIP ZIMBARDO se le ocurrió introducir una variable, los experimentadores cogieron un martillo y destruyeron algunas partes del coche incluyendo una venta.

¿Qué es lo que sucedió ahora? Dicha conducta se interpretó como "una invitación honesta" y los habitantes de Palo Alto optaron por realizar las mismas conductas que se realizaron sobre el coche que se había situado en la zona conflictiva del Bronx[47].

La conclusión a las que nos lleva este experimento es que un simple acto vandálico que conlleva a la rotura de un vidrio puede transformar un lugar seguro y confiable en todo lo contrario. Esta teoría aleja a la pobreza y necesidad de las conductas delictivas y las relaciona con una imagen de desinterés, falta de preocupación y deterioro de este, haciendo relevante también el respeto de las normas sociales.

El experimento como hemos comentado anteriormente fue llevado a cabo por el prestigioso PHILIP ZIMBARDO, pero fue posteriormente replicado por JAMES WILSON y GEORGE KELLING los cuales, ya enfocados en el ámbito criminológico dedujeron las siguientes conclusiones:

- Las normas sociales deben ser siempre obedecidas, una vez estas no se siguen de produce un desorden comunitario que velozmente lleva a un deterioro difícil de restaurar.
- Los signos de deterioro son sumamente relevantes ya que dan lugar a una interpretación por parte de la comunidad de falta de interés, las cual es aprovechada para la comisión de conductas antisociales, delitos y crímenes.
- Reducir y mitigar los pequeños desperfectos con prontitud y eficacia evitara a futuro un incremento den la escuela delincuencial[48].

4.3.1.2 El experimento de Milgram

El autor de este segundo experimento es el psicólogo STANLEY MILGRAN y la pregunta que nos lleva a plantearnos es: ¿Hasta qué punto la obediencia ciega a la autoridad es capaz de conducirnos a la realización de conductas antisociales, delitos y crímenes?

---

[47] PROYECTO CRIMINOLOGIA. Artículos. En Proyecto criminología/Criminología corporativa y empresarial [en línea]. 8 de marzo de 2017 [consulta:17 de marzo de 2019]. Disponible en: https://proyectocriminologi.com/single-pos t/5-experimetnos-criminologia
[48] SOCIEDAD DE CONOCERDORES DEL CRIMEN. Teoría de las ventanas rotas(reflexiones). En Sociedad de conocedores del crimen-de criminología y más[en línea].Carlota Barrios,10 de abril de 2018[consulta: 19 de marzo de 2019]Disponible en: https://crimiperito.wordpress.com/2018/04/10/teoria-de-las-ventanas-rotas-reflexiones/

Pues bien, dicho experimento trata de ejemplificar el proceso de cosificación al que se puede someter a un individuo por parte de la autoridad. La cosificación consiste en la transformación del individuo en un simple instrumento donde dejamos de vernos a nosotros mismos por seres humanos.

En este experimento, como hemos comentado en la introducción, se faltó a un conjunto de normas éticas ya que se seleccionaron a 40 individuos para la realización de un experimento que estaba enfocado en la memoria y el aprendizaje. De estos 40 individuos se formarían 3 grupos diferenciados donde unos cogerían el rol de instructores, otros de maestros y los últimos de alumnos.

La asignación se realizó al azar. La parte más dura del experimento era la del alumno ya que el mismo estaba conectado a unos electrodos amarrado para evitar movimiento en contra de su voluntad. El maestro sin embargo debía aplicar descargar eléctricas al alumno en un rango que oscilaba de los quince a los cuatrocientos cincuenta voltios. Todo ello delante de un instructor, el cual le iba dando indicaciones al maestro.

El maestro debía dar a conocer un par de palabras al alumno y este acertar para así evitar la descarga de electrodos. Lo curioso del experimento es que se comprobó que conforme iba aumentado la intensidad de las descargas sobre los alumnos y con ello los signos de dolor y estrés de los mismos, la mayoría de los maestros se sentían incómodos con su conducta, pero seguían con las descargas. Los cuarenta sujetos que actuaban como maestros aplicaron descargas hasta los trecientos voltios, mientras que veinticinco de estos llegaron al máximo de los 450 establecidos[49].

La conclusión que se dedujo de este experimento es que el sesenta y cinco por ciento de los sujetos que actuaban como maestros guiados por los instructores llegaron hasta el final a pesar de que algunos alumnos sufrieron problemas cardiacos y ellos mismos sentían incomodos realizándolo.

Entonces ¿Cuál sería la relevancia criminológica que podemos extraer de este experimento? Sin duda la conclusión es que la fragilidad humana ante la obediencia ciega a la autoridad puede ser un arma de doble filo. Esta fragilidad y falta de consistencia ante la autoridad puede ejemplificar perfectamente numerosas conductas atroces y criminales cuando los sujetos se limitan a seguir ordenes sin recurrir a su

---

[49] PROYECTO CRIMINOLOGIA. Artículos. En Proyecto criminología/Criminología corporativa y empresarial [en línea].8 de marzo de 2017[consulta:17 de marzo de 2019]. Disponible en: https://proyectocriminologi.com/single-post/5-experimetnos-criminologia

conciencia debido al sometimiento a un proceso de cosificación e instrumentalización. Cuando un sujeto bajo la autoridad de otro se limita a seguir ordenes su conciencia desaparece y abdica la responsabilidad. Cierto es que no existe una explicación científica a estas conductas, aun así, se puede explicar en base una transferencia a los experimentos de conformidad de ASCH, en el cual se asume al ser humano como ser vulnerable y particularmente voluble a transferir las decisiones de un grupo en el cual la mayoría parece tener razón. Unida a esta estaría el proceso de cosificación comentado en la introducción donde pasamos de ser personas a simples instrumentos.

Este experimento ha permitido dar explicaciones criminológicas a diferentes barbaries criminales como son los genocidios o ataques terroristas, los cuales realizan conductas criminales bajo una obediencia ciega a los que los sujetos consideran autoridad[50].

4.3.1.3 El experimento de la cueva de los ladrones

El autor de este experimento es MUZAFER SHERIF, uno de los grandes fundadores de la psicología social sin duda alguna. La cuestión que nos lleva a plantearnos este experimento es: ¿En qué medida es beneficioso aprovechar de un enemigo en común u objetivos comunes? Pues bien, para ello debemos recurrir a la siguiente metodología. Debemos diferenciar entre 3 fases:

Fase de la pertenencia: En esta fase se experimentó con veinte dos niños aparentemente normales, es decir, pertenencia a una familia poco conflictiva, con asistencia a la escuela etc. El experimento consistía en que este grupo de alumnos acudieran a un campamento de veranos en el cual se les dividiría en dos grupos de once niños. Cada uno de los grupos realizaría un conjunto de actividades sin el conocimiento de la existencia del otro grupo. En esta fase los diferentes grupos realizaron actividades como jugar, nadar etc, sin ningún matiz de competitividad ya que no conocerían la existencia del otro grupo hasta la siguiente fase.

---

[50] CON LA PUERTA ABIERTA. Psicología. Con la puerta abierta blog del departamento de orientación IES Luis Cobiella Cuevas [en línea]. [Canarias]: Gobierno de Canarias. [consulta: 18 de marzo de 2019] Disponible: http://www3. gobiernodecanarias.org/medusa/ecoblog/mmarlorm/?page_id=241

Fase de fricción: En esta fase de les dio conocimiento a ambos grupos de la existencia del otro. De este modo los experimentadores optaron por crear situaciones que generasen un conflicto entre los grupos. Este conflicto conllevo en un antagonismo de bandos fomentado por el desarrollo de diferentes actividades competitivas, simulando campeonatos con recompensas incluidas. Se evidencio claramente como cuando iba en aumento la competitividad de los bandos el antagonismo era mayor derivando así en enemistades e insulto.

Fase de integración: Esta fase surge de las consecuencias de la fase anterior donde ahora los experimentadores dieron con la clave del estudio. El objetivo de estos era principalmente reducir las tensiones que se habían originado y para ello lo que surgieron fue brindar obstáculos en común. Esto conllevo en que ambos grupos se percataran de una necesidad de ayuda mutua y reciproca que derivaría en resultados exitosos a la hora de solucionar dichos problemas fomentando además que ambos grupos volvieran en un mismo autobús de vuelta a sus hogares[51].

La conclusión que podemos extraer de este experimento es lo que se conoce como el factor favorable del "enemigo común". A través del fenómeno de la integración es anteriormente descrito se consigue vincular el experimento al ámbito criminológico. Se manifiesta de modo claro como situaciones conflictivas entre diferentes colectivos o grupos puede generar conductas antisociales o de riesgos para ambas. Mientras que si el problema a resolver, obstáculos, o enemigo es común a ambos se genera una estrategia muy eficaz para reducir, disminuir incluso erradicar los conflictos entre diferentes grupos y, en consecuencia, se consiguen objetivos comunes y lazos de integración entre ambos haciendo vale el refrán de "la unión hace la fuerza"[52]/[53]/.

---

[51] PROYECTO CRIMINOLOGIA. Artículos. En Proyecto criminología/Criminología corporativa y empresarial [en línea].8 de marzo de 2017[consulta:17 de Marzo de 2019]. Disponible en: https://proyectocriminologi.com/single-post/5-experimetnos-criminologia
[52] Conclusión propia con matices en concordancia con Sherif, M., Harvey, OJ, White, BJ, Hood, WR, y Sherif, CW (1961). Conflicto y cooperación entre grupos: el experimento de la cueva de ladrones (Vol. 10) Norman, OK: Universidad de intercambio de libros.
[53] SIMPLYPSYCHOLOGY. Theories. SimplyPsychology Social identity theory realistic Conflict theory[en linea].Saul McLeod.2008. [Consulta 23 de marzo de 2019]. Disponible en: https://www.simplypsychology.org/robbers-cave.html

4.3.1.4 El experimento del muñeco bobo

ALBERT BANDURA es sin duda uno de los psicólogos contemporáneos más relevantes dentro de comunidad científica, en esta ciencia y en muchas otras las cuales se han enriquecido de sus trabajos, destacando así una el famoso "aprendizaje social".

Pues bien, a partir del éxito de esta teoría Albert Bandura desarrollo un experimento social ejemplificador de la misma que a su vez es extrapolable y muy estudiado en nuestra ciencia actualmente.

La pregunta que nos realizamos en este experimento es: ¿El simple aprendizaje observacional puede conllevar a la realización de conductas antisociales, delictiva y criminales? Para dar respuesta a la misma es importante matizar en la comprobación que se llevó a cabo sobre diferentes grupos de niños. El experimento consistía en escoger a setenta y dos niños y niñas de edad entre los tres y cinco años. Del total unos veinticuatro estarían expuestos a un modelo agresivo tanto a nivel físico como verbal.

El modelo agresivo sería un adulto el cual desarrollaría determinadas conductas violentas sobre un muñeco bobo, de este modo los niños se mantendrían expuestos a este comportamiento y se comprobó que no solo tendían a imitarlos, sino también a buscar otras formas de conductas o comportamientos agresivos hacia el muñeco.

Sin embargo, los otros veinticuatro niños que se encontraban junto a un adulto el cual representaba un modelo no agresivo no desarrollaron conductas agresivas hacia el muñeco. Matizar que existía otro grupo de control formado por los restantes veinticuatro alumnos[54].

Pues bien, analizado el experimento las conclusiones que podemos sacar de manera evidente es que el mero aprendizaje observacional puede ser un arma de doble filo. Un modelo bueno frente a uno que no lo es tanto puede ser el factor clave para que determinados individuos desarrollen conductas antisociales, delitos e incluso crimenes en nuestras sociedades. El hecho observacional de la violencia conlleva que las inhibiciones de la violencia intrínsecas en los niños de mermen y debiliten. Suponiendo así que la exposición de sujetos vulnerables, como son los niños, supone

---

[54] PROYECTO CRIMINOLOGIA. Artículos. En Proyecto criminología/Criminología corporativa y empresarial [en línea]. 8 de marzo de 2017 [consulta:17 de Marzo de 2019]. Disponible en: https://proyectocriminologi.com/single-post /5-experimetnos-criminologia

un factor criminógeno que el criminólogo no solo debe conocer si no entender, analizar y prevenir para el buen desarrollo de sus funciones[55].

4.3.1.5 El experimento de la prisión de Stanford

Antes de analizar dicho experimento nos gustaría matizar que se trata del experimento con mayor importancia y relevancia dentro de la criminología ya no por su capacidad explicativa si no por la enorme curiosidad y debate que ha originado.

El autor de este experimento al igual que el de la teoría de las ventanas rotas fue el Psicólogo especialista en psicología social, PHILIP ZIMBARDO. Dicho experimento la pregunta que nos plantea es la siguiente: ¿Las posiciones de poder y autoridad nublan la buena voluntad?

Pues bien, el experimento realizado en la Universidad de Stanford consistía en convertir el sótano de la misma en una prisión donde existirán dos grupos de personas, los carceleros y los reclusos. Para ello se permitió una autoselección entre sí en base determinadas predisposiciones. El reclutamiento de Zimbardo fue de veinticuatro jóvenes con un salud mental y física intacta a los cuales se les prometió una recompensa económica. El experimento debería durar dos semanas, pero apenas llego a los 6 días.

Los reclusos o prisioneros deberían permanecer en la prisión durante toda la duración del experimento mientras que los guardias únicamente mientras desarrollaban su jornada laboral. Lo inesperado fue que al segundo día se desato un motín en la cárcel en el cual los carceleros actuaron rápidamente y eficazmente disolviendo la revuelta utilizando los gases de los extintores contra los reclusos, lo que resultó un éxito.

De este modo conforme pasaban los días los carceleros fueron desarrollando y reforzando su sentimiento de poder y autoridad de modo que ante cualquier situación de riesgo, descontrol o desobediencia actuaban empleando la fuerza, humillando e insultando. Mientras pasaron los días a los guardias no les importaba hacer horas

---

[55] EDUCA TU MENTE. Psicología educativa. En Educa tu mente [en línea]5 de enero de 2016 [Consulta 24 de Marzo de 2019]. Disponible en:
https://educadamentesite.wordpress.com/2016/01/05/la-teoria-del-aprendizaje-social-de-bandu ra/

extras mientras que los prisioneros no aguantaron la presión que estos ejercían sobre ellos y decidieron abandonar inclusive si no se les pagaba lo pactado[56].

De este modo este experimento concluyo como los seres humanos nos mostramos frágiles antes la buena voluntad humana cuando se nos asciende a escalos de poder o autoridad. La jerarquía en muchas ocasiones supone una situación de poder que puede conllevar a un abuso, lo que supondría la explicación del porqué de muchas de las conductas antisociales, delitos y crímenes que se desarrollan en nuestra sociedad.

4.3.2 Vínculos y adaptación a la teoría de las ventanas rotas

Es evidente que de los 5 experimentos sociales analizados el más relevante por la importancia es sin duda para nosotros el de "La Teoría de las Ventanas Rotas" de PHILIP ZIMBARDO. Sin embargo, podemos realizar una vinculación indirecta entre dicho experimento y posterior teoría con los cuatro restantes.

El experimento de la teoría de las ventanas rotas nos permites concluir que el orden llama al orden y el caos llama al caos, que las soluciones a tiempo sobre problemas pequeños permiten prevenir otro de mayor índole ¿Pero ¿qué pasaría si a esta conclusión le sumamos las extraídas del resto de teorías?

Pues añadir a esta la conclusión extraída de "El experimento de MILGRAN" la haría mucho más completa ya que nos encontraríamos ante un modelo no solo que fomenta el orden, sino que además si conseguimos establecer un modelo de autoridad que evite la desobediencia, desinterés y delincuencia. De tal forma que las sociedades serían más seguras y estables.

Si a estos dos le añadimos la conclusión extraída de "El experimento de la cueva de los ladrones" nos situaríamos en una sociedad, segura y ordenada, con modelos de autoridad que la fomenten y además con una sociedad unida en una lucha de objetivos comunes y no distanciada por un antagonismo competitivo.

A lo comentado hasta ahora además podríamos añadirle lo aprendió con "El experimento del muñeco bobo" que sería algo similar al del experimento de

---

[56] PROYECTO CRIMINOLOGIA. Artículos. En Proyecto criminología/Criminología corporativa y empresarial [en línea].8 de marzo de 2017 [consulta:17 de marzo de 2019]. Disponible en: https://proyectocriminologi.com/single-post/5-experimetnos-criminologia

MILGRAN, donde se ejemplifica claramente la importancia de los modelos y como puede influir en nuestro comportamiento el simple aprendizaje observacional.

Para concluir destacar que estos modelos y autoridades por las que nos regimos dentro de una jerarquía deberían ser siempre controladas por el hecho que ejemplifica el último experimento social mencionado, "El experimento de la prisión de Stanford", ya que la buena voluntad en muchas ocasiones puede ser anulada por dichas posiciones en la escala social.

Así pues, el orden, unido a modelos de aprendizaje no agresivos, a una búsqueda de objetivos comunes, un control de las jerarquías sin pérdida de nuestra propia conciencia conllevaría un desarrollo de una sociedad con menos conductas antisociales, delictivas y criminales.

Estas conclusiones basadas en estos 5 experimentos pueden ser mejoradas en un futuro próximo a través de estos experimentos que permitan comprender determinados comportamientos y a posteriori aplicarlos mediante la reproducibilidad a la propia criminología.

Sin embargo, no es tarea fácil esta experimentación dentro de la criminología debido a conflictos de normas éticas y por la falta de financiación para el desarrollo científico de estas investigaciones, lo que nos lleva a los criminólogos a enriqueceros de los experimentos que se desarrollan dentro de la psicología social y mediante el modelo científico de la reproducibilidad darle practicidad en la propia criminología.

4.4 La teoría de las ventanas rotas
4.4.1 ¿En qué consiste?

La última teoría de las ventanas rotas fue elaborada por WILSON y KELLING (1982) en base al experimento social llevado a cabo por el psicólogo PHILIP ZIMBARDO.

"La denominación hace referencia a la observación que dio pie a esta teoría: cuando suceden una serie de delitos e infracciones, aun siendo menores (ej. rotura de ventanas en viviendas), si no se controlan y solucionan en las primeras fases de su manifestación acaban dando lugar a delitos más graves "[57].

Esta teoría sostiene la idea de qué forma implícita se manda el mensaje de que todo está permitido y que nadie se preocupa por ello. Los autores se centran en el concepto de desorden como causa o factor precipitante al miedo al delito. Este miedo al delito hace que los vecinos de la zona dejen de hacer uso de las zonas públicas y empiecen a tomar distintas medidas de protección.

Derivado de este desorden surge la falta de preocupación por el barrio por parte de los ciudadanos lo que conlleva una falta de control informal sobre el mismo generando una diversidad de conductas antisociales de carácter delictivo[58].

"La ausencia de control informal se extiende también a otros ciudadanos que dejan preocuparse o llamar la atención sobre las malas conductas de los demás" [59].

"La idea fundamental de esta teoría es que las infracciones leves serían el caldo de cultivo para que se dieran más adelante delitos más graves y, de la misma manera, los pequeños delincuentes serían la antesala de delincuentes más graves"[60].

4.4.2 Origen, evolución y desarrollo

La teoría de las Ventana Rotas surge a través de una conferencia de los criminólogos WILSON y KELLING. Basada en un artículo que escribieron conjuntamente para el "The Atlantic Monthly". Lo realizaron en el año 1882 y artículo en cuestión se llamaba "venta rotas, el cual tuvo un impacto relevante tanto a nivel social como a nivel de política pública.

---

[57] Redondo Illescas, S. y Garrido Genovés, V. (2013). *Principios de Criminología.* (4ªed.). Valencia: Tirant Lo Blanch.
[58] CABEZAS, Silvestre. Principales teorías de la criminología ambiental. *QdC. [en línea]* Valladolid: Sociedad Española de criminología y ciencias forenses.2017.37. En "dosieres". [consulta:16 de marzo de 2019]ISSSN:1888-0665 Disponible en: https://revistaqdc.es/aproximacion-a-las-principales-teorias-de-la-criminologia-medioambiental/
[59] Sousa, W. H., & Kelling, G. L. (2006). Of "broken windows," criminology, and criminal justice. En Weisburg, D. Y Braga, A. (Eds.). *Police innovation: Contrasting perspectives* (pp. 77-97). Cambridge, UK: Cambridge University Press.
[60] Redondo Illescas, S. y Garrido Genovés, V. (2013). *Principios de Criminología.* (4ªed.). Valencia: Tirant Lo Blanch.

El Estado social de EEUU poseía unas de las de delincuencias y criminalidad más altas, lo que generaba una necesidad de cambio y combate de la misma. A raíz de este artículo y las conferencias que fueron dando sus autores derivo en la escritura de un libro "Fixing broken Windows" el cual fue publicado en el año 96 con una posterior revisión del 97 empezaron los cambios en la ciudad de New York.

Dicho libro trata sobre teorías para reducir el crimen y contenerlo, lo cual puede sonar extraño si nos ceñimos a algunos conceptos erróneos que difieren en que el objetivo principal de la prevención criminal es su erradicación.

Evidentemente el objetivo de la prevención y este tipo de teoría es reducir, dispersar e incluso desplazar todo tipo de conductas antisociales, delitos y crímenes, pero no su erradicación al 100%, ya que esto es imposible y como sostienen algunos autores relevantes dentro de la criminología el mismo tiene una funcionalidad social. Por lo que Fixing broken Windows se muestra como una teoría de prevención criminal acorde a la realidad social, cuyo objetivo es el control del mismo.

Después de su publicación, la teoría empezó a aplicarse. Aprender, hacer y ser, esa es la cuestión. Después de estudio y la publicación del libro comenzó el momento de ponerlo en práctica y para ello existe varios ejemplos exitosos de la aplicación de dicha teoría reflejada en el libro y todos los argumentos sostenidos por WILSON y KELLING durante sus conferencias.

En cuanto a uno de lo experimento exitosos de "La teoría de las ventanas rotas" del psicólogo social Philip Zimbardo de 1969, que posteriormente fue recogida por los criminólogos WILSON y KELLING dando origen a esta revolucionaria forma de prevención y tan novedosa dentro de las políticas públicas surgió el proyecto de WIILLIAM BRATTON[61].

El experimento de WILLIAM BRATTON seguramente fue el más exitoso y el que puso en auge dicha teoría. Dicho proyecto se originó en New York en los años 80, esta época se caracterizada por una situación de inseguridad social insostenible que aumentaba considerablemente las tasas de delincuencia y con ello la falta de orden y cohesión social.

Las causas de esta situación eran principalmente dos:

---

[61] William Bretton dirigió la Policía de Nueva York entre 1994 y 1996 periodo en el que se redujo significativamente la violencia. Antes fue el jefe de la Policía de Boston y, desde 2002, lo es de Los Ángeles.

La primera de ellas se centra consumo descontrolado y masivo de drogas entre las que cabe destacar el crack, sustancia asociada a la delincuencia por su enorme costo de adquisición, aunque más barato que la cocaína[62].

El segundo elemento era la permanencia, duplicación y evolución de las armas en la ciudad. Se empezó a comercializar armas de alto calibre, como las conocidas semiautomáticas lo que originaron mayores tasas de homicidios y asesinato que las que podían generar calibres más bajos como el del 38 que fue el más utilizado hasta el momento[63].

En este contexto, el verano de 1993 se llevaron a cabo las nuevas elecciones a la alcaldía de New York.

Salió elegido RUDOLF GIULIANI[64] quien tenía en su programa electoral en otras tareas, el objetivo primordial de resolver estos problemas de criminalidad que acechaban a la comunidad de New York. La violencia e inseguridad a la que estaba sometida la comunidad además de insostenible necesitaba una nueva visión y practicidad y el nuevo alcalde no duraría en nombrar como jede de Policía de New York al artífice de este proyecto, WILLIAM BRATTON [65].

4.4.3 Practicidad, aplicación y eficacia

WILLIAM BRATTON años antes, había dirigido la Policía de Boston y controlo exitosamente los problemas criminales de la ciudad. Su éxito había sido tan rotundo que Giuliani no dudó en recurrir a él.

---

[62] White, H. R., y Gorman, D. M., «Dynamics of the drug-crime relationship», Criminal Justice 2000, vol. 1, The nature of crime: continuity and change, pp. 151-218, US Department of Justice, Washington, DC, 2000.

[63] Se determinó en la investigación que existen hasta tres grupos para el calibre de las armas: calibre pequeño, mediano y grande. "Comparados con la posibilidad de morir por una bala de calibre pequeño, la posibilidad de morir con un arma de calibre mediano fue dos veces mayor. Y si se usó una bala de arma de calibre grande, una magnum, por ejemplo, la posibilidad de morir fue de casi cinco veces más que si se hubiera usado una bala pequeña", explica Elmer Huerta.

[64] Rudolph Giuliani, Alcalde de New York entre 1994 y el 2001.Actual precandidato republicano a la presidencia de Estados Unidos.

[65]COSTA, Gino. *La Ventana Rota y otras formas de luchar contra el crimen*. Lima. Rocio Moscoso,2007.ISBN2007-12390

Este le otorgo audaz tarea de reducir drásticamente los índices y tasas de delincuencia de la ciudad poniendo en práctica la política de "tolerancia cero" que tan buenos resultados le había dado en el caso del metro.

Pasados dos años y medio WILLIAM BRATTON alcanzo el éxito dentro de la comunidad de New York tras reflejarse en diferentes estudios los espectaculares resultados de su proyecto. Entre la década de los 90, más en concreto entro los años 1991 y 1996, tras su nombramiento por Giuliani consiguió reducir el índice de criminalidad notoriamente. Los homicidios se redujeron un 50% mientas que la tasa delictiva un 37%.

En los dos años y medio que dirigió la Policía de Nueva York, WILLIAM BRATTON consiguió resultados espectaculares. En efecto, entre 1994 y 1996 la tasa delictiva agregada se redujo en 37% y los homicidios, en un 50%. No obstante, la estrategia que puso en práctica se mantuvo después de su salida y los índices delictivos continuaron cayendo durante los siguientes años.

Es importante matizar que existen evidencias relevantes que señalan que el éxito evidentemente fue notorio, pero a su vez fue acompañado por una realidad social diferente que favoreció los mismos. Los hechos a los que nos referimos son concretamente el hecho de que los consumos de crack en estas últimas décadas fueron en decadencia, más del 70 % de los jóvenes detenidos en la época de los 80 lo consumían, mientras que en los años 90 no era así. Además, las tasas delictivas de 17 de 25 grandes ciudades de Estados Unidos y de 12 de 17 países desarrollados experimentaron caídas significativas por lo que parecía que la situación era la propicia para ello[66].

No obstante, el caso de New York era mucho más exagerado. La reducción de las tasas delictivas en esta ciudad era mayor al del resto, lo que evidencia claramente que el proyecto de WILLIAM BRATTON surgió efecto. Mas allá de que existieran unas condiciones o ambiente favorable para ello dicho programa fue eficaz en cuanto sus

---

[66] Para un testimonio de parte sobre su salida de la Policía, sus siempre difíciles relaciones con Guiliani y, especialmente, sobre la manera como encaró su gestión y los resultados de ésta, véase Bratton, William J. y Peter Knobler. Turnaround. How America's Top Cop Reversed the Crime Epidemic. Nueva York: Random House, 1998.

objetivos. De este modo los críticos de este no pudieron obviar la influencia decisiva del mismo en cuanto a condiciones de seguridad, orden y cohesión social[67].

La política criminal llevada a cabo por el jefe de policía consistía principalmente en tres puntos característicos que definen un programa de tolerancia cero el cual deriva de la teoría de las ventanas rotas, pero por ende no es un claro reflejo de este ya que existen otros programas de prevención criminal menos radical con evidencias científicas.

Después de este matiz nos centraremos únicamente en dos de estos tres puntos característicos del programa para evidenciar la así la eficacia de esta nuestra teoría.

El primer de ellos se fundamenta en la creación de "una doctrina sobre el delito".

La teoría de "la ventana rota", desarrollada por KELLING y WILSON, determina que existe una relación causa efecto entre dos conceptos sinérgicos como son el desorden (callejero) y un conjunto de conductas antisociales, delictivas e incluso criminales.

Los autores fundamentan su teoría en el estudio de psicología social que hemos comentado en el apartado de este trabajo en el que PHILIP ZIMBARDO se refiere a la importancia del mensaje que transmite un barrio y una sociedad. El descuido y desorden fomenta más descuido y desorden generando así un círculo vicioso del cual es difícil salir, mientras que orden genera un ambiente de seguridad que hace infranqueable dicha situación.

El experimento social que realizo este psicólogo con dos coches similares en dos barrios muy diferentes como era el del Bronx y el del Palo Alto fue trasladado a infraestructuras mayores. Según sus autores, una ventana rota no reparada en un edificio público transmite un mensaje de descuido y desinterés, que incitará a que los viandantes rompan más ventanas. En pocos días, el edificio podría llenarse de pintadas y grafitis, y más tarde sus calles y callejones más próximos se empezarían a descuidar convirtiéndose en auténticos basureros, zonas conflictivas de pandilleros un lugar donde los drogodependientes acuden a por sus dosis y poco después, su acera convertirse en un basurero público.

---

[67] Dixon, David. «Beyond Zero Tolerance». En Tim Newburn (editor), Policing Key Readings. Devon: Willan Publishing, 2005, p. 486.

En conclusión, el hecho de que no se haga nada al respecto y adoptar una postura de indiferencia ante el desorden generaría evidentemente una situación propicia para el desarrollo de todo tipo de conductas antisociales, delictivas e incluso criminales que generarían un sentimiento de inseguridad en la sociedad y una falta de cohesión social propia de nuestra especie.

Al fin y al cabo, lo que buscan los ideólogos de este es evitar una "decadencia" urbana haciendo hincapié en los pequeños detalles que marcan la diferencia. Al igual que los grandes problemas se resuelven poco a poco, las grandes crisis se evitan dando importancia a estos factores ocultos a los que nadie atiende y son un claro factor de riesgo para que se generen este tipo de conductas que tantos problemas originan dentro de una sociedad y uno de los objetivos primordiales de las antiguas y actuales políticas públicas de Estado Democrático, Social y de Derecho.

Los creadores de esta doctrina defienden firmemente el hecho de que la función Policial debe ir destinada a la prevención de conductas antisociales que puedan derivar en delitos o crímenes de mayor magnitud.

Donde el desorden reine, lo hará la inseguridad y las tasas de delincuencia aumentaran, por lo que recuperar este es su función primordial. Sus ideólogos apuestas principalmente por un patrullaje a pie, lejos de todo tipo de locomoción u otros medios como desarrollaremos posteriormente en el apartado de programas de vigilancia comunitaria y se explicaran los motivos[68].

Con ello lo que buscan estos criminólogos es que la policía pase a recuperar su función de "guardia y vigilante" más que de "justiciero" y que el combate y persecución del delito solo se origine en escasos muy excepcionales donde este desorden no ha podido ser controlado o situaciones extraordinarias y se vea obligado a auxiliar a la administración de Justicia.

Dicho de otro modo: se trata, más bien, de que se enfoque principalmente en la "prevención del desorden callejero" que conlleva inseguridad seguida de conductas antisociales, delictivas y criminales que aumenta las tasas de victimización de una sociedad y se convierte en una lacra social difícil de controlar, ya que como ellos

---

[68] Para un buen resumen de la doctrina de «la ventana rota», véase Wilson, James Q. y George L. Kelling. «Broken Windows: The Police and Neighbourhood Safety». En Tim Newburn (editor), Policing Key Readings. Devon: Willan Publishing, 2005. Para un estudio más completo de esta propuesta, véase Kelling, George L. y Catherine M. Coles. Fixing Broken Windows. Restoring Order and Reducing Crime in Our Communities. Nueva York: Simon & Schuster, 1997

mismo defiende cuando más grande es el problema más complejo será la solución. Lo que hace obvio que controlar estos pequeños aspectos de desorden comunitario evitara dicha situación sin grandes esfuerzos. Hablamos pues de una doctrina preventiva del desorden callejero controlado por una modelo policial de proximidad.

El terreno fértil de toda actividad delictiva parte de este desorden que se muestra como un factor exponencial a la hora de atraer a pandilleros, alcohólicos, drogadictos y narcotraficantes que perturban la seguridad y cohesión de una comunidad.

Para ello la policía como guardián debe evitar que se den estas situaciones que suponen «la ventana rota» que, eventualmente, llevará a la invasión criminal de esa zona de la ciudad. De este modo el terreno seguiría siendo fértil, pero podríamos hacer el símil de "policía-espantapájaros" que mantiene el control del terreno para evitar la invasión de aves que destruyan la plantación y generen desorden y desintegración del campo[69].

El problema en cuanto a la aplicación práctica de esta teoría surge en relación con su tipificación en el código penal ya que no existe un instrumento legal que defina y recoja en la ley el "desorden callejero".

En el pasado esta problemática se recogía a través de las conocidas leyes de vagancia y de sospecha y otras disposiciones similares. Estas leyes fueron derogadas por desfasadas y por ir en contra de los derechos humanos fundamentales por lo que se ha luchado a lo largo de la historia, lo que suponía una incongruencia hablar de las mismas.

Por ello entre finales de los 80 y principios de los 90 estas fueron derogadas haciendo que WILLIAM BRATTON en la aplicación de su programa no pudiera ceñirse a estas a la hora de encontrar una solución al desorden comunitario.

El matiz importante de esta teoría defendida por WILSON y KELLING y que hicieron posible su aplicación por el Jefe de Policía de New York es que ambos en

---

[69]Propuesta del guardian como policía con matices originaria de: Bratton, William J. «Crime is Down in New York City: Blame the Police». En Tim Newburn (editor). Policing Key Readings. Devon: Willan Publishing, 2005, pp. 472-482

sus artículo y conferencias defendían una idea principal desarrollada en el apartado de este mismo trabajo "La policía y la seguridad en los Barrios"[70].

El núcleo central de la idea consiste en que estos defienden una "propuesta peligrosa". Los ideólogos autores y potenciadores de esta teoría dejan un pequeño margen de juego a la policía en su función como guardián y no como justiciero en la que en muchas ocasiones para lograr su objetivo de orden público deberán recurrir a conductas no tipificadas como tal o recogidas en legislaciones vigentes.

Los autores definen estas conductas como "aquellas que la gente decente reclama". Esta idea supone un margen de juego como hemos comentado. Evidente si su práctica es la adecuada, sin derivar en abusos, como se ha visto en los estudios mencionados, se reducen notoriamente las tasas de delincuencia.

Lo que supone la practica doctrinal preventiva de esta teoría es un modelo policial "guardián y de vigilancia" no sujetos únicamente a leyes si no a las necesidades sociales y estándares de los ciudadanos que sin prejuicios morales la ciudadanía común considerada decente reclamaría para su bienestar. Esto supondría que la Policía realizara su labor de mantenimiento del orden sin "estar atada de manos" bajo una tipificación penal pero que le otorgue cierta flexibilidad para su función preventiva del delito, evitando así ventanas rotas en una determinada comunidad.

Resulta de sentido común que sin espacios públicos ordenados la convivencia ciudadana resultaría imposible por el sentimiento de inseguridad que esta fomenta. Por ello es por lo que estos autores se inician en esta teoría difícil de enmarcar en el contexto social de los 90 y el actual debido a su antipática con las violaciones de derechos humanos fundamentales. Estos hechos pueden sonar una involución al pasado donde se tiene a calificar a la sociedad en decentes o notables y otros en indeseables, pero no es así. Lo que se busca en calificar a la sociedad en unos estándares relativos a quien contribuye al orden social y bienestar de este y quien a su destrucción.

Por todo esto, se empezó a adoptar una visión más positiva ante las críticas recibidas y antes la teoría en su conjunto. Apareciendo variantes de la aplicación de esta como son los "Programas Comunitarios" que además de trabajar de manera conjunta con la policía y hacerla más eficiente eliminaron este estigma mencionado que resultaba tan

---

[70] Idea contemplada y analizada en: Keling, George L. y Catherine M. Coles. Fixing Broken Windows. Restoring Order and Reducing Crime in Our Communities. Nueva York: Simon & Schuster, 1997

conflictivo. Con los Programas Comunitarios se hace participe a los miembros de la misma suponiendo así que no se traten de conductas inmoralmente impropias y selectivas de antaño, si no de conductas y modelos estereotipados que favorecen al bien común, al orden comunitario y la reducción de las tasas delictivas.

Así pues, con estos programas comunitarios se buscó superar el viejo paradigma jerárquico, autoritario y militar, resucitado a principios de la década de 1990 por WILLIAM BRATTON, gracias al aliento intelectual de WILSON, KELLING y COLES[71].

El segundo de los elementos a destacar del programa consiste en "una reforma policial".

La reforma policial se muestra como el segundo componente que llevo a cabo WILLIAM BRATTON como Jefe de la Policía de New York. La reforma que sufrió el cuerpo policial fue notoria y se fundamentó principalmente en dos aspectos.

El primero de ellos es que se pasó a un estilo policial enfocado a la prevención desde un practica agresiva, lo que se conocía como: *preventive agresssive patrol*.

El segundo aspecto de esta reforma policial consistió es descentralizar el cuerpo policial. Segundo, la descentralización policial.

Esta estrategia requería nuevas necesidades para poder ser desarrollada. Llevar a cabo una prevención policial agresiva y descentralizada conllevaba hacer cambios y por ello se llevó a cabo una gran reforma de carácter institucional en diferentes sectores y áreas las cuales estaban destinadas a tecnología, equipamiento policial e instrucción.

Lo que se buscaba es de algún modo activar y hacer posible el desarrollo de la maquinaria policial propuesta por el mismo. Para ello tuvo que definir su objetivo antes de comenzar el plan, el cual se enfocó en la reducción drástica del delito, el desorden callejero y el temor.

Como hemos comentado el primer núcleo de esta reforma policial se caracterizaba por el enfoque de una policía preventiva de carácter agresivo y para ello se planteó la idea más novedosa de dicho programa, el patrullaje a pie. Este estilo de patrullaje derivó de la doctrina de «la ventana rota» ya mencionada.

---

[71] COSTA, Gino. *La Ventana Rota y otras formas de luchar contra el crimen.* Lima. Roció Moscoso, 2007.ISBN2007-12390

Con este nuevo estilo de patrullaje se consiguió recuperar el control de las calles, mantenimiento del orden y reducción de las tasas de delincuencia. La resurrección de este tipo de patrullaje no supuso un paso atrás en cuanto a los métodos policiales si no un paso adelante en cuanto a la prevención del delito.

En cuanto al patrullaje preventivo agresivo es considerado así debido a que supone actuaciones agresivas sobre todo hacia los ciudadanos identificados por los policías como sujetos activos o potenciales de desorden callejero, los no "decentes" como anteriormente mencionábamos.

Sin recurrir a las derogadas leyes de vagancia, WILLIAM BRATTON si pudo recurrir a antiguas ordenanzas municipales. Estas ordenanzas sancionaban como faltas algunas conductas relativas como beber alcohol en las calles, grafitis y limpiar las lunas de los carros sin consentimiento de sus propietarios en los semáforos, entre otras muchas, y ordenó a sus efectivos aplicarlas fuertemente.

El problema surgió cuando este estilo preventivo agresivo derivo en numerosas quejas y manifestaciones en contra de este modelo policial por su carácter abusivo y supuestamente discriminatorio contra grupos minoritarios. En cuanto a la cifras, cabe destacar que se realizaron más de 9 mil denuncias por los comportamientos efectuados por la policía, número muy relevante debido a que el cuerpo policial de New York contaba con 38 mil efectivos.

Existieron varios casos paradigmáticos que causaron un gran impacto social debido a los métodos empleados por WILLIAM BRATTON. Entre ellos destacaron el de Abner Loiuma, la cual sufrió una violación y la muerte de Amedao Diallo. Los policías relacionados con estos delitos adoptaron un actitud soberbia y autoritaria la cual podemos vincular con uno de los experimentos sociales que he comentado a principio del trabajo en relación con el de la teoría de las ventanas rotas[72].

Este experimento al que nos referimos es el experimento social de la prisión de Stanford[73], de los más, si no el más relevante dentro de la criminología. Tal experimento nos permite llegar a la conclusión de que en numerosas ocasiones las personas nos mostramos frágiles cuando ostentamos una posición de poder respecto a otros, y esto parece ser lo que sucedió con estos policías.

---

[72] COSTA, Gino. *La Ventana Rota y otras formas de luchar contra el crimen*. Lima. Rocio Moscoso, 2007. ISBN2007-12390

[73] Experimento mencionado y detallado en el apartado 3 del trabajo.

El modelo implantado por WILLIAM BRATTON se trataba de una prevención agresiva que conllevaba unas prácticas en ocasiones abusivas por aquellos policías que no habían asimilado bien el fin del mismo y el método como debía llevarse a cabo.

Esta alta posición jerárquica de los policías dentro de la escala social fue más allá de simple vigilante o guardas de un orden social, vinculándose más a prácticas abusivas injustificadas. Tal era el punto de enaltecimiento de algunos de los policías que practican tal estrategia preventiva/agresiva que los policías procesados por los hechos llegaron a declarar ante la prensa que no serían condenados porque vivían en *"tiempos de GIULIANI"*. Lo acontecido reflejo el lado más oscuro y opaco de este sistema y el fuerte respaldo político e institucional que podían o sentían que podían tener.

Como hemos comentado anteriormente el segundo punto de la estrategia policial estaba enfocado en llevar a cabo un proceso de descentralización policial. Para ello WILLIAM BRATTON comenzó a descentralizar el mando de las comisarias vinculando autoridades y responsabilidades propias en cada una de ellas.

En estos momentos la ciudad de Nueva York bajo el mandato de Giuliani contaba con 76 comisarías, ninguna de las cuales tenía responsabilidad por el trabajo funcional en su jurisdicción. Las competencias más relevantes a la hora de establecer el orden público eran investigación criminal y drogas, las cuales eran competencia de la jefatura metropolitana.

La estrategia de WILLIAM BRATTON para llevar a cabo dicha descentralización consistió en imponer un sistema de mando geográfico frente al sistema de mando funcional centralizado. Para ellos estas 76 comisarías adquirieron su respectiva responsabilidad en funciones jurisdiccionales[74].

Fueron tales las competencias adquiridas por las comisarias que hasta la competencia de asuntos internos fueron incluidas en su jurisdicción. Así pues, cada comisaría se convirtió en pequeños cuerpos de policías con una fuerte estructura interna. Estos 76 "cuerpos de policía" concentraron un gran número de responsabilidades, haciendo a su vez más fácil el proceso de supervisión policial y desarrollo competencial de la misma.

---

[74] Bratton, William J. «Crime is Down in New York City: Blame the Police». En Tim Newburn (editor). Policing Key Readings. Devon: Willan Publishing, 2005, pp. 474

En cuanto al examen de estas prácticas se obtuvieron resultados muy positivos, una de las causas principales de ello fue que debido a dicha descentralización de funciones y una mayor concentración geográfica de las mimas condujo a que de un modo más eficiente los comisarios pudieran tener una mayor responsabilidad sobre la misma y un mayor control. Se origino así un símil entre la práctica mencionada anteriormente de policía de barrio o proximidad a nivel jerárquico dentro de las instituciones de seguridad del estado. Los comisarios podían tener un mayor control y una cercanía de la que se carecía con el sistema centralizado[75].

Otro aspecto importante para destacar dentro del desarrollo de este nuevo modelo policial es que se trataba un modelo preventivo de carácter agresivo. Al tratarse de un modelo preventivo de carácter agresivo desplazo totalmente al modelo policial comunitario hasta el momento desarrollado por el antecesor de WILLIAM BRATTON. El enfoque comunitario que llevaban a cabo estos policías les otorgaba mucha autonomía a la hora de identificar con ayuda de los vecinos y ciudadanos los problemas reales del barrios y encontrar las soluciones más beneficiosas para la comunidad.

El número de efectivos desplegados por los antecesores de WILLIAM BRATTON y GIULIANI fue de 7 mil, era una cifra elevada y caracterizaba por la enorme autonomía que tenían a la hora de llevar a cabo sus funciones. Sin embargo, con WILLIAM BRATTON al mando y bajo este nuevo modelo policial los despliegues policiales cambiaron. Desde estos momentos los encargados de determinar dichos despliegues ya no era la Jefatura de Policía como ocurría anteriormente, sino que desde entonces estas competencias serian propia de las comisarias.

Además, las comisarias no dieron tanta autonomía a dichos despliegues policiales imponiéndoles una práctica de sus laborales de carácter preventivo/agresivo. Los policías una vez instruidos en estas prácticas debían llevar a cabo ordenes desde las propias comisarias y no desde la Jefatura de Policía, para evitar el desorden y así reducir las tasas de delincuencia.

La estrategia llevada a cabo por WILLIAM BRATTON se focalizo en 8 puntos determinantes que cumplirían así con los objetivos propuestos:

1. Mejora de la calidad de vida y el sentimiento de seguridad.
2. Control del tráfico y consumo de drogas.

---

[75] IBIDEM.

3. Control del tráfico, uso y porte de armas de fuego.
4. Control de violencia doméstica.
5. Control de violencia juvenil y vandalismo lúdico.
6. Prevención del robo de automóviles.
7. Corrupción (dentro del cuerpo policial).
8. Control del tránsito vehicular.

Lo que se buscaba focalizando su estrategia en estos 8 puntos era recuperar el orden de los barrios, pero más allá de esto lo que Bratton pretendía de una forma indirecta era que sus efectivos adquieran el control de los barrios así devolverles la confianza y autoestima que habían perdido.

De nuevo lo que se buscaba era una estrategia de determinismo jerárquico para que esto pudieran desarrollar eficientemente sus labores de guardianes y vigilantes de la comunidad.

Uno de los aspectos en el que más se trabajo fue sobre el tráfico de drogas. En los años anteriores a la hegemonía de GIULIANI y WILLIAM BRATTON el tráfico de drogas había sido relevado a unidades especiales.

Esto se debía a la enorme corrupción que existía dentro del cuerpo de policía dirigida desde una Jefatura policial donde el control de todo ello era insostenible e inevitable. Con la nueva organización policial en la que cada comisaria actuaba como cuerpo propio se permitía de algún modo tener conocimiento y control de estas prácticas de corrupción dentro del cuerpo. Así pues, se erradico este problema y se recuperó la competencia anteriormente relevada.

La problemática de corrupción policía había sido de tan relevancia que el número de despidos de policías en la década de 1970 había ascendido a cinco mil. El deterioro institucional y quebrantamiento del cuerpo necesitaba unos cambios y WILLIAM BRATTON con su nuevo modelo lo consiguió. Con anterioridad a este modelo el cuerpo policial se encontraba en envuelto en un sentimiento de amargura y cinismo insostenible[76].

---

[76] COSTA, Gino. *La Ventana Rota y otras formas de luchar contra el crimen.* Lima. Roció Moscoso, 2007. ISBN2007-12390

4.5 Ventanas rotas: La policía y la seguridad en los barrios. James Q Wilson y George L. Kelling

Hablaremos de la importancia de este artículo ya que fue el que dio origen al desarrollo de nuestra teoría y aplicación en la política criminal, influenciando así en el derecho penal y enriquecida por la propia criminología, de este dicho artículo se muestra como la base y pilares de este nuestro trabajo.

4.5.1 Programa Barrios seguros y limpios – Newark

Uno de los grandes programas que pueden explicar la importancia de la teoría de las ventanas rotas es sin duda el analizado por dos grandes figuras de la criminología como son JAMES Q WILSON y GEORGE L. KELLING, "Barrios Seguros y limpios".

Dicho programa sirvió como herramienta fundamental a la hora de explicar la importancia de la policía y su relevancia a la hora de mantener la seguridad en los barrios para posteriormente extrapolarlo a la aplicación práctica de la teoría criminológica de las ventanas rotas y como experimento social[77].

El programa fue creado en los años setenta en New Jersey en los años 70, concretamente en Newark. El diseño del programa consistía principalmente en un patrullaje a pie por parte de la policía, lo que tenía grandes retractores y opositores ya que se mostraban escépticos ante esto y lo consideraban a su vez un trabajo duro. Cinco años después de ponerlo en práctica llegaron las conclusiones, bien es cierto que el nivel de delincuente no se redujo y las tasas se mantenían estables, pero lo que sí que se vio en aumento fue el sentimiento social de seguridad, además de obtener una opinión mucho más favorable sobre la labor policial.

La cuestión que se plantearon los autores fue: ¿Como es posible que un barrio se considere "más seguro" cuando las tasas de delincuencia no bajan? La respuesta está en el propio sentimiento de los ciudadanos, al reducirse el temor a ser víctimas de un delito y pierden el miedo a ser molestados por gente indisciplinada. Al fin y al cabo, de lo que se trata de es una cuestión de "orden público" cuya función de "mantenimiento del orden" la realizaban las patrullas de policía a pie.

---

[77]Traducción: Daniel Fridman, publicado en Delito y Sociedad Revista de Ciencias Sociales, N°15-16, 2001, pp. 67-79.

La zona de Newark era una barrio ruinoso y movido de la ciudad. Para ver como la policía conseguía mantener ese orden, uno de los autores (KELLING) patrullo con ellos durante varios días para analizar como esto era posible. Pues bien, se observó que la herramienta fundamental de la policía para llevar a cabo esta labor consistía en hacer cumplir un conjunto de lo que llamaremos "reglas informales"[78].

La policía dividida a la gente en "regulares" y "extraños". Los regulares eran la gente común del barrio, gente decente, y gente algo más problemática como borrachos, mendigos que habitaban allí. Mientras que los extraños eran simplemente eso, extraños. La cuestión se centraba en que estos regulares con comportamiento más antisociales cumplieran con un conjunto de normas o reglas informales como no tumbarse en el suelo, sino estar sentado, no pedir limosnas, cosas tan simples como que los adolescentes más ruidosos mantuvieran en silencio. Los que incumplían estas normas informales eran arrestados por vagancia o alteración del orden público.

Lo que hacía Kelling era hacer respetar la ley, pero a su vez con frecuencia dicha tarea iba interrelacionada y unida a la necesidad de tomar medidas informales o fuera de lo legal para así mantener el orden público en dichos barrios.

Una vez analizado dichos resultados los escépticos continuaban reacios a este sistema, pero no cayeron en dos aspectos fundamentales que son los que relacionan dicho programa con la teoría de las ventanas rotas y fue lo que origino que fuera exitoso desde su planteamiento.

La primera de las causas es que el sentimiento de seguridad de un barrio viene determinando por el miedo que puedan sentir tanto los regulares como los externos a ser víctimas de un delito real[79]. Dicha sensación viene causada por factores como son el desorden o encuentros desagradables que en estos casos era evitados por los patrullajes de policía a pie.

El segundo de los motivos es que dicho desorden y delito están íntimamente relacionados. Grandes psicólogos sociales como PHILIP ZIMBARDO tienen a concluir que una ventana que, si está rota y no se repara, lo más probable es que las demás ventanas del edificio acaben prontamente rotas. La clave está en lo

---

[78] L.KELING, George, Q. WILSON, James. Broken Windows-the police and neighborhood safety. *The Atlantic. [En línea]*Boston,1982. 249, Nº 3, pp. 29-38[consulta 28 de Marzo de 2019. ISSUE. Disponible en: https://www.theatlantic. com/magazine/archive/1982/03/broken-windows/304465/.
[79]Matiz que hacen los autores posteriormente en publicaciones como: KELLING, George L. y CATHERINE M. CoLes. Fixing Broken Windows. Restoring Order and Reducing Crime in Our Communities. Nueva York: Simon & Schuster, 1997.

argumentado en el artículo redactado por dichos autores *"La rotura de ventanas no ocurre en mayor escala debido a que algunas zonas están habitadas por decididos rompedores de ventanas, mientras otras están pobladas por "amantes de ventanas"*, sino porque una ventana sin reparar es señal de que a nadie le preocupa, por lo tanto, romper más ventanas no tiene costo alguno.

Al fin y al cabo, el orden público tiene una relación directa con el concepto de "a nadie le importa". La propiedad descuidada, el desorden convierten en un barrio y a sus vecinos y transeúntes en victimas fáciles de conductas antisociales, delitos e incluso crímenes. El "a nadie le importa" debe ser combatido desde una perspectiva de sentido de respeto mutuo y obligaciones civiles comunes cuya función de hacer respetar y mantenerlas es de la policía, y pareció ser que, en este barrio, el patrullaje a pie y un conjunto de reglas informales derivaron en resultados exitosos.

De este modo, un pequeño desorden (una venta rota) puede derivar en que un barrio se convierta en una zona vulnerable para la invasión criminal (edifico con muchas ventanas rotas) ahí el kit de la cuestión[80].

4.5.2 Origen del temor público-Susan Estrich

Uno de los puntos clave por lo que se realizó este programa vinculado a la teoría de las ventanas rotas es por el problema social de "temor público".

SUSAN ESTRICH, de la Escuela de Leyes de Harvard, llevo a cabo un estudio en base a encuestas enfocadas a esta temática extrayendo las siguientes conclusiones.

Una de estas realizada en Oregón, evidenció que tres cuatas partes de los adultos cruzan de acera al observar a un conjunto de adolescentes en grupo.

Otra de ellas, realizada en Baltimore, infirió que la mitad cruzaría la calle solo con el objetivo de evitar a un joven desconocido. Además, se comprobó como inofensivas manifestaciones conocidas como grafitis, aunque su carácter o temática sea irrelevante, también generan un sentimiento de inseguridad.

---

[80] DOCSITY. Apuntes criminología. En: *DOCSITY* [en línea] [Barcelona] Universidad Autónoma de Barcelona UAB, 2013. Disponible en: https://www.docsity.com/es/broken-windows-3/3064818/

Al fin de cuentas lo que esto origina es que la gente se evite entre sus pares generando una falta de "sistemas de control informal", lo cual es crucial para el establecimiento del orden público.

Se ha comprobado que esta falta de sistemas de control informal[81] conllevan en un sentimiento de decadencia, el cual ha existido en todas las ciudades a lo largo de la historia, pero lo que ocurre en la actualidad es diferente principalmente por dos motivos.

El primero de ellos es porque, antes de la Segunda Guerra Mundial, la gente debido a sus escasos recurso no podía moverse de barrios problemáticos o conflictivos lo que originaba que se produjera obligatoriamente una autocorrección de los conflictos que se originaban en el mismo. Y el segundo de los motivos es que antiguamente la recuperación de la autoridad no tenía limites, los derechos eran algo de lo que disfrutaba la gente decente, por lo que existían métodos extralegales poco deseables como el arresto bajo sospecha, palizas etc.

Actualmente este no es el panorama por lo que para reparar estas pequeñas ventanas rotas y que no vaya a más fomentado por el temor publico deben buscarse otras soluciones como la planteado en el programa de Barrios limpios y seguros[82].

4.5.3 De mantener el orden o combatir el crimen

La pregunta para responder en este apartado es ¿Cuál es verdaderamente la función policial? Históricamente, desde los comienzos de la nación como tal la función que estos debían desarrollar consistía principalmente en mantener el orden, en ningún caso la resolución de crímenes era una función Policial.

Uno de los Autores de este Programa (WILSON) en 1969 escribió en un Edición de Atlantic un breve informe acerca sobre la evolución de la función policial, como esta ha pasado a combatir el crimen y alejarse de su función principal que era la de mantener el orden.

---

[81] ORTIZ MUÑOZ-QUIROS, Celia. *Control social informal.* *[*en línea]. Elche: Universidad Miguel Hernandez.2015. [consulta 28 de marzo de 2019] ISSN: 2659-4897 Disponible en: http://crimina.es/crimipedia/wp-content/uploads/2016 /05/Control-social-informal.pdf

[82] DOCSITY. Apuntes criminología. En: *DOCSITY* [en línea] [Barcelona] Universidad Autónoma de Barcelona UAB, 2013. Disponible en: https://www.docsity.com/es/broken-windows-3/3064818/

El punto de inflexión en el cual se produce cuando los organismos municipales y FYCS incorporan en sus equipos a detectives y comienzan a pagarles salarios de manera regular. De este modo la responsabilidad de juzgar a los malhechores paso del ciudadano a ser responsabilidad del fiscal, se produjo a su una evolución en diferentes aspectos la cual no empezó a contemplarse en todos los lugares hasta el siglo XX.

Seguido de lo anterior este cambio de funciones se dio en 1960 cuando el principal problema social eran las revueltas urbanas y la policía como tal desarrollo una buena laboral en cuanto al mantenimiento del orden público. Originando así que en los años 70 existiera una sinergia entre orden público y relaciones comunitarias y las tasas de delincuencia descendieran. De e este modo el rol de la policía y su atención se desvió a combatir el crimen. Los estudios que se realizaban ya no se centraban principalmente en aquellos enfocados anteriormente en el mantenimiento del orden publicó si no que ahora se centraban en como la policía podía combatir el crimen, visto de otro, modo la policía se centró principalmente en proteger el tejado debido a que no se rompían más ventanas, pero el problema surgió cuando se dieron cuenta que esas ventanas necesitan un mantenimiento continuo.

Es posible que debido a esto la policía se haya convertido en el mejor guerrero contra el crimen, pero de algún modo el factor esencial del mantenimiento del orden y la prevención ante conductas antisociales, delictivas o criminales fue olvidándose, generando que una ventana rota se convirtiera en muchas y que la policía pasara de utilizar silbatos a utilizar pistola, del mantenimiento del orden a combatirlo[83].

4.5.4 Vehículo o a pie

Otra de las preguntas que nos hace plantearnos el Programa de Barrios Limpios y Seguro de JAMES Q WILSON y GEORGE L. KELLING que estrategia policial es más conveniente adoptar ¿Vehículo o a pie? La norma general es que los diseñadores de los programas y estrategias policiales se decantes por un modelo de patrullas motorizadas con la idea de que puedan desarrollar su función de manera más cómoda y eficiente. Pero todos estos puntos factores que nos llevan a pensar que dichas estrategias son más eficientes han sido desbancadas según la comparación de este

---

[83] DOCSITY. Apuntes criminología. En: *DOCSITY* [en línea] [Barcelona] Universidad Autonoma de Barcelona UAB, 2013. Disponible en: https://www.docsity.com/es/broken-windows-3/3064818/

programa con otros realizados por patrullas motorizadas e en otros Estados por diferentes motivos.

Es evidente que la puerta y la ventanilla excluye. Los policías de manera inconsciente tienden a actuar de forma distinta cuando lo hacen a pie. Para ellos los autores comprobaron en base a realizar patrullajes con la policía que cuando estos se detenían ante un grupo de adolescente y les preguntaban, el nombre, que hacían, y si había algún problema estos se limitaban a contestar que nada mientras el resto de grupo se reía, originando así que el policía no hubiese aprendido nada y que los jóvenes primero que nada empezaran a considerar al policía como fuerza ajena en vez de como un colaborador e incluso le ridiculizaran.

Sin embargo, se comprobó que en los Estados donde el patrullaje se realizaba a pie a los ciudadanos les gustaba hablar con la policía, les crea un sentimiento de importancia, les permite chismorrear e informar con datos de interés a los policías, además de poder expresar que es lo que les preocupa y hasta en ocasiones se siente bien por haber podido hacer algo sobre un problema.

A la conclusión que se llegó con las diferentes estrategias planteados por JAMES Q WILSON y GEORGE L. KELLING es que los modelos policiales de patrullaje a pie aportaban una serie de beneficios en una escala mayor a la hora de mantener el orden público y evitar que una ventana se rompiera. Sin embargo, no debemos olvidar que la sinergia entre ambas estrategias puede ser relevante y mucho más idónea dependiendo de la ciudad, el contexto, el barrio o la tipología delictiva. Pero lo que no cabe duda es que el cumplimiento de normas informales, el mantenimiento de del orden público, la creación de relaciones comunitarias y en general un ambiente sano y favorable que vincule un barrio como un sector vulnerable a la delincuencia tiene una relación más directa en los patrullajes a pie donde la función de policía de vigilante se antepone a la de castigador y donde se permite vigilar las diferentes ventanas una a una y no tener una visión general del edificio, donde el orden de las pequeñas cosas fomenta un orden general más estable y controlado[84].

---

[84] DOCSITY. Apuntes criminología. En: *DOCSITY* [en línea] [Barcelona] Universidad Autónoma de Barcelona UAB, 2013. Disponible en: https://www.docsity.com/es/broken-windows-3/3064818/

4.5.5 El rol del Policía

La otra de las cuestiones que nos lleva a plantearnos el programa desarrollado por JAMES Q WILSON y GEORGE L. KELLING es: ¿Restricciones legales, hasta qué punto? Lo que se ha podido comprobar es que en los últimos años la policía ha comenzado a actuar de un modo sujeto a la Ley, es decir, cuya función principal se basa en hacer cumplir las leyes que rigen nuestra sociedad más que mantener el orden social a través de normas informales.

En sus origines y a lo largo de la historia el rol de la policía ha sido el de guardián sin llegar a ser juzgado en conformidad a procedimientos adecuados, actúan como simples ciudadanos con un valor, decisión y autoridad diferente que les otorgaba esta función de mantenimiento del orden. La clave en este punto se encuentra en el fin buscado, atrapar, perseguir al delincuente era un medio para un fin, el orden social. Sin embargo, en la actualidad el rol es totalmente diferente el fin en sí mismo es el mencionado, de algún modo ha pasado a desvincularse de esta figura para actuar como un juzgador que debe hacer cumplir la ley[85].

Es importante mencionar que en relación con este programa y la teoría de las ventanas rotas la policía no actúa como juez o jurado sujeto a una ley, si no que en la mayoría de sus actuaciones lo hace de manera informal sin tener que recurrir a un enjuiciamiento. ¿Pero hasta qué punto es así de cierto en la actualidad? Sin duda alguna el programa enfocado a mantener el orden conlleva la solución de disputas sociales que lo pueden desestabilizar, pero el conjunto de leyes y procedimientos a los que esta se encuentra ligado puede desvirtuar su función principal que es la de mantener el orden, impedir que se rompan más ventanas y no por ello dejar de perseguir a los que lo hicieron sin impedir que esto suceda. Se trata así pues de un proceso en el cual la policía ha subido de escalón en relación con nivel de prevención, no tratándose tanto de una prevención primaria sino secundaria.

Uno de los problemas que conlleva este conjunto de normas informales que han permitido a la policía el mantenimiento del orden está relacionado con el concepto de igualdad. Este derecho fundamental del que todos gozamos entro en cuestión en relación de las diferentes detenciones que realizaban los fuerzas y cuerpos de seguridad de aquellas personas "indeseables" según comentan los autores. Estas actuaciones que consistían de algún modo en criminalizar la vagancia y la ebriedad

---

[85] Idea extraída tras la lectura de "Historia de la Policía Española". Dos tomos. Julio de Antón López. 1.ª Edición diciembre 2001. Madrid.

para así mantener el orden social suponían un ataque contra los derechos fundamentales de los ciudadanos ya que no estaba recogido en la legislación y estas normas informales lo permitían de algún modo.

La cuestión que se plantearon los autores y que permitieron el desarrollo de dicho programa es que es muy posible que parezca injusto el hecho de arrestar a un simple borracho o vagabundo que no haya hecho nada contra nadie, pero es más que evidente que no hacer nada respecto a una treintena de borrachos y vagabundos puede ser un factor desencadenante que fomente un desorden suficiente para la destrucción de una comunidad. Esto origina una sensación de inseguridad, de temor público, de falta de confianza y lo que es más grave, una ruptura de las relaciones comunitarias que permite que se genere una sensación de abandono suficiente para que una ventana rota sea motivo suficiente para que consecuentemente se produzca la rotura de muchas otras.

Los autores defienden la postura de que no se puede dar una respuesta totalmente satisfactoria entre estas dos dicotomías, pero concluyen con la siguiente reflexión: "la policía existe para contribuir a regular las conductas" y si este conjunto de normas informales ayuda a ello lo harán, y evidentemente así fue y su efectividad tuvo en el desarrollo de dicho programa[86].

4.5.6 Control social informal

Dicho programa además revelo la importancia del control social informal. JAMES Q WILSON y GEORGE L. KELLING se plantearon a través del programa de qué modo debería un jefe de policía desplegar sus escasas fuerzas para alcanzar sus objetivos.

Concluyeron que las soluciones más idóneas serian tanto las relacionadas con todo tipo de variaciones del programa aplicado en Newark y a su vez otra respuesta también evasiva ya que en multitud de ocasiones el mantenimiento del orden en un barrio o ciudad puede ser abordado por la simple actuación ciudadana.

Se ha comprobado que las conductas desviadas que se desarrollaban en zonas de mayor riesgo como las protagonizadas por bandas han podido ser atenuadas, incluso

---

[86] DOCSITY. Apuntes criminología. En: *DOCSITY* [en línea] [Barcelona] Universidad Autónoma de Barcelona UAB, 2013. Disponible en: https://www.docsity.com/es/broken-windows-3/3064818/

resueltas, mediante actuaciones tan simples como son los acuerdos amistosos, reglas acerca de cuándo, cómo y cuánta gente puede reunirse en determinadas zonas o decisiones similares[87].

De tal forma, suponiendo que la acción ciudadana no fuera suficiente, la actuación policial de mantenimiento del orden apoyado por reglas informales parece ser la más adecuada según el programa y los resultados que se obtuvieron. Además, dichos autores se detuvieron a analizar las dos tradiciones históricas que han predominado para el mantenimiento del orden social mediante la participación ciudadana.

La primera forma de participación ciudadana con estos fines estaba ligada a la figura de "vigilantes" cuyos rasgos característicos es el de tomar la ley por su propia mano y actuar como policía, juez, jurado y verdugo lo que no parece ni lo más ético, ni moral y es totalmente contrario a lo establecido.

Sin embargo, la otra forma de actuación consistía en la figura propia de los "guardianes comunitarios" Es una figura tan antigua como los poblados del Nuevo Mundo. Se trataba así de unos guardianes comunitarios que patrullaban las calles con el fin de mantener el orden sin castigar ni utilizar la fuerza ni represarías y muchos menos atentar contra los derechos fundamentales. El ejemplo más claro de esta figura serían los conocidos *Guardian Angels de New York*[88]. Se trata de un grupo de jóvenes con uniformes distintivos que patrullaban los metros de la ciudad con esta finalidad y cuya conducta fue imitada en muchas ciudades hasta el punto de que persista su existencia y tengan en la actualidad más de treinta filiales diferente estados de EEUU.

De tal modo y tras analizar estos puntos detenidamente esta fue la intención de los autores del programa, el desarrollo de una comunidad comprometida con el orden social que no hiciera tan necesaria la función policial de mantenimiento del orden, y siendo así que estos actuaran dentro de lo posible mediante un conjunto de normas informales basadas en la teoría de las ventanas rotas como elemento preventivo conductas antisociales, delitos y crímenes propias de una sociedad criminalizada[89].

---

[87] Lambert, E., Jaishankar, K., Jiang, S., Pasupuleti, S. y Bhimarasetty, J. (2011). Correlates of Formal and Informal Social Control on Crime Prevention: An Exploratory Study among University Students, Andhra Pradesh, India. Asian Criminology 7:239–250 DOI 10.1007/s11417-011-9108-9

[89] DOCSITY. Apuntes criminología. En: *DOCSITY* [en línea] [Barcelona] Universidad Autonoma de Barcelona UAB, 2013. Disponible en: https://www.docsity.com/es/broken-windows-3/3064818/

4.5.7 Responsabilidad Ciudadana-Estudio Psicológico

Para concluir es fundamental hablar sobre el concepto de compromiso y responsabilidad ciudadana. Diferentes psicólogos destacados han estudiado el porque la gente no acude a socorrer a otros ciudadanos en situaciones de peligro, ya sea por ataques o necesidad de ayuda. Pues bien, se ha comprobado que como se ha pensado durante mucho tiempo el motivo no es la simple apatía o egoísmo. El factor que fomenta esta ausencia de responsabilidad es la falta de una base sólida para sentir que se debe aceptar de manera personal a dicha responsabilidad.

Los ciudadanos eluden la responsabilidad de actuar como agente de la comunidad atribuyendo en la mayoría de los casos la responsabilidad a los cuerpos y fuerzas de seguridad. Entre otros factores que además afectan a esta falta de responsabilidad es el hecho de no sentirse anclado a esa comunidad, ser un simple ciudadano de paso y pensar que otro lo hará cosa que pasa en zonas más transitadas.

De otro modo, los ciudadanos consideran el uniforme como símbolo representante de esta responsabilidad El uniforme señala a la policía como persona que debe aceptar la responsabilidad cuando se le requiere. El problema que encontramos en la actualidad, y a lo largo de diferentes épocas, ha sido la reducción de plantilla por parte de la policía lo que ha origina un mayor número de ventanas rotas, un mayor desorden social, desconfianza y por lo tanto mayor índice de delincuencia, crimen y conductas antisociales.

JAMES Q WILSON y GEORGE L. KELLING reflexionan sobre esta temática y su relativa problemática en base a la teoría de las ventanas rotas argumentando que debemos regresar a nuestra hace tiempo abandonada visión de que la policía debería proteger a las comunidades tanto como los individuos. Además, destacan que las estadísticas sobre delitos y las encuestas de victimización miden las perdidas individuales, no las comunitarias en su defecto. Así pues, del mismo modo que los médicos promueven determinados hábitos saludables para mitigar las enfermedades, ambos autores defienden la idea de que la policía y el resto de ciudadanía debería reconocer y promover las importancia de mantener intactas nuestras comunidades, con el mínimo o sin ventanas rotas, al ser posible[90].

---

[90] IBIDEM.

4.6 Neighborhood Watch Programs
4.6.1 El programa de vigilancia vecinal

Un programa de vigilancia vecinal consiste principalmente en una tipología preventiva de conductas antisociales, delincuencia y crímenes, cuyas labores son desarrollas por los ciudadanos. Hay que destacar que se trata así de una actuación en conjunto entre ciudadanos y policías, ya que la sinergia entre ambas es la que resulta efectiva para lograr la prevención de la delincuencia.

Matizar también que existen diferentes y numerosas investigaciones que corroboran la eficacia de esta tipología de programas haciendo que los barrios sean más seguros, con menores factores de riesgo para la delincuencia y por ende menos vulnerables a procesos de victimización[91].

Si bien, esta idea es refutada por distintas investigaciones a las cuales hace referencia GARLAND. Estos estudios, como los autores que los desarrollan, llegan a una conclusión común la cual establece que en los barrios donde se llevan a cabo estas actuaciones se reduce la sensación de inseguridad y no por ello las tasas de delincuencia[92].

En cuanto a la definición exacta de este tipo de programas, existen muchas y diversas.

TRUFO los define como programas de carácter preventivo los cuales no deben ser clasificados como simples actuaciones de vigilancia ciudadana frente a determinadas conductas antisociales si no que incluyes diferentes actividades prácticas como el conocido "property marking". El "property marketing" permite tener un control sobre los bienes de las personas y por ende un control sobre los delitos que se puedan cometer teniéndolos como objeto del tipo penal. El procedimiento consiste en marcar

---

[91] Wilson, R.E., Brown, T.H., & Schuster, B. (2009). "Preventing Neighborhood Crime: Geography Matters". NIJ JOURNAL, Issue 263, 30-35. [Consultado 5 de abril 2019]. Disponible en: https://www.ncjrs.gov/pdffiles1/nij/226875 .pdf

[92] Analizado con matices propios en base a conocimiento adquiridos de la carrera en relación a Garland, D. (2001). La cultura del control. Crimen y orden social en la sociedad contemporánea. Barcelona: Gedisa.

las propiedades (bicicletas, cámaras, ordenadores) con determinado código que a posteriori se registra en una web y puede ser verificado por la policía[93].

TILLEYSE centra en definir esta tipología de actuaciones preventivas como una serie de actuaciones dirigidas a disminuir la sensación de miedo al delito en la población, a diferencia de otros autores como GARLAND que se centra en la reducción de las tasas de delincuencia[94].

Importante realzar a su vez que la definición, aplicación y desarrollo de estos programas variara en base al tipo de barrio, comunidad y clase social donde sean aplicados:

En comunidades donde la delincuencia tiene un nivel bajo y la sensación de seguridad es alta, el programa resulto mucho más sencillo y menos laborioso simplificando las actuaciones a que los ciudadanos identifiquen y den conocimiento a las autoridades de cualquier actividad o conducta antisocial que pueda dar origen a conductas delictivas, desorden o cualquier otra ventana rota que suponga un aumento de la sensación de inseguridad y tasa delictiva.

En comunidades donde el nivel de delincuencia sigue siendo bajo, pero el sentimiento de inseguridad es mayor, las actuaciones son más complejas ya que el objetivo principal es que los ciudadanos de estas comunidades de deshagan de sus prejuicios antes personas que no son comunes o conocidas en su día a día.

En comunidades donde la tasa de delincuencia es alta pero no existe un sentimiento de inseguridad se debe optar por una prevención de carácter situacional que evite el desorden, rompimiento de ventanas y por ello una retroalimentación delictiva[95].

Y en comunidades donde existe un alto sentimiento de inseguridad y a su vez una alta tasa de delincuencia se debe optar por actividades que mejoren la eficacia colectiva, tanto de la ciudadanía como de los FYCS a través de la prevención situacional.

---

[93] Idea extraída de Trufo, M. (2009). El a priori histórico del dispositivo de vigilancia vecinal. Instituto de Investigaciones Gino Germani. Facultad de Ciencias Sociales. Universidad de Buenos Aires
[94] Tilley, N. (2009). Crime prevention. Devon: William Publishing.
[95] FERNANDEZ-TORIBIO GARCIA, Ainhoa. *Comunidad y Prevención delitiva. Evaluacion del programa vecinal del barrio de Mas Sauró [En línea]* Joan Baucells Lladós dirs. Tesis doctoral inédita. Universitat Autónoma de Barcelona, 2015 [consulta 15 de abril de 2019] Disponible en: http://roderic.uv.es/hondle/10550/50188

Para concluir este apartado nos gustaría destacar la importancia de adquirir una postura flexible y neutra ante una posible definición de este tipo de programas ya que posicionarlos en una de ellas con una postura fija e inamovible limita su practicidad, aplicación y eficacia.

Un programa de vigilancia vecinal debe ser definido desde una postura dinámica y variable en base al contexto comunidad y tiempo en el que se aplique. Importante es también destacar que el objetivo debe ser el mismo, disminución de la sensación de inseguridad.

Así pues, estos programas cuyo objetivo es reducir la sensación de inseguridad tiene como objetivo indirecto según nuestra teoría de las ventanas rotas el de reducir la tasa de delincuencia. El sentimiento de seguridad orden y buenas relaciones en la propia comunidad suponen una estabilidad propia de un edificio en buenas condiciones donde ninguna de sus ventanas está rota y por ello todos colaboran en su buen mantenimiento alejando dichas comunidades de situaciones de mayor vulnerabilidad y de factores de riesgo para una posible victimización ante conductas antisociales, delitos o crímenes. Los riesgos que supone sobre la persona una sensación de inseguridad derivan indirectamente sobre la tasa delictiva de una comunidad por la noción de desorden despreocupación y sentimiento de conexión esta, suponiendo así una ventana rota que llama a la delincuencia y deterioro de un barrio. Por ello resulta indispensable que el sentimiento de seguridad se encuentre garantizado para que las tasas delictivas puedan verse reducidas.

4.6.2 Origen e historia de los programas de vigilancia vecinal

A lo largo de la historia siempre ha existido en la mentalidad del ciudadano una responsabilidad de compromiso social al y de mantener un orden vecinal. En el siglo XIX REN ya explicaba el orden como sentimiento inherente a las personas. Las limitaciones son necesarias y producen placer en nuestro cerebro ya que conllevan un orden que confiere seguridad en nuestro desarrollo[96].

El camino hasta la creación de este tipo de programas ha sido pausado e intermitente. Hasta 1970 el concepto de responsabilidad ciudadana no apareció o se manifestó de

---

[96] Ren, L., Zhao, J.S. Lovrich, N.P., & Gaffne, M.J. (2006). "Participation community crime prevention: who volunteers for police work?" Policing: An International Journal of Police Strategies & Management. Vol. 29 No. 3, 2006, pp. 464-481

algún modo en las conductas vecinales. Desde 1800 siempre se ha entendido que dicha responsabilidad recaía sobre la policía y vigilantes en su caso. Sin embargo, no fue hasta el siglo XX con la creación de la policía de proximidad donde aparecía este sentimiento de responsabilidad reciproca que creaba una sinergia de vital importancia para la aplicación de la teoría de las ventanas rotas.

Cuanto más azúcar más dulce y así es, cuando mayor colaboración, sentimiento de pertenencia y a su vez toma de responsabilidad, el sentimiento de inseguridad se empezó a ver reducido y con ello las tasas de delincuencia asociadas a este.

El policía de proximidad supone, cómo se explica en el estudio de WILSON y KELLING el cual analizamos, estudiamos y relacionamos con la teoría de las ventanas rotas, un elemento fundamental para evitar las consecuencias propias del experimento realizado por PHILIP ZIMBARDO.

En cuanto al origen de esta serie de programas ligados a la policía de proximidad encontramos diferentes causas que fomentaron su creación:

- La potestad de los ciudadanos como sociedad civil de llevar a cabo actuaciones en base a su propia seguridad que son propias del Estado.
- La desconfianza en los FYCS.
- La existencia de numerosos espacios de riesgo, donde mantener el orden y su alcance no se encontraría dentro de la voluntad de los FYCS.

Así pues, estas causas y muchas otras derivaron en que en 1970 se planteara la idea de que el ciudadano además ser el sujeto activo de riesgos, conductas antisociales, delitos y crímenes también podría ser el factor disuasor del mismo originando que su propia figura actuase como sujeto pasivo de estas.

En 1972 exactamente en Estados Unidos Gracias a la *National Sheriff Association* se contribuyó a la mejora de las relaciones comunitarias mediante esta ideología y aplicación de sus programas[97].

Existen diferentes datos empíricos de como tales programas han ido evolucionando y como han sido cada vez más importantes en diferentes países a la hora de mantener el orden y generar comunidades más seguras y menos vulnerables a la delincuencia.

---

[97] National Sheriff's Association (2005). Manual del vecindario: Programa Nacional de Vigilancia del Vecindario. USA on Watch. Bureau of Justice Assistance 2005-MU-BXK077

En Inglaterra por ejemplo en el año 2000 el 27% de la población considerara propietaria o inquilina participaba en estos programas incrementando las cifras de participación hasta el seis millones de personas.

En estados Unidos las cifras se multiplican hasta el 41%. Mientras que en comunidades más atrasadas como las de Chile se empiezan desarrollar programas como el Programa de Comuna Segura que más adelante explicaremos.

Para concluir con los datos destacar que en 2002 más de 7.5000 comunidades utilizaban dichos programas como prevención de todo tipo de conductas que generasen un desorden en sus barrios.

La *National Sheriff Association* lo que fomento es que este tipo de programas supusieran un instrumento dentro de las políticas de seguridad, logrando así una legitimación de estos y por ello su aplicación.

La aparición de estos programas como instrumento dentro de las políticas públicas supuso un enorme impacto sobre la seguridad colectiva, el desorden, el descenso de las tasas de delincuencia y la destrucción de comunidades[98].

En base al argumento central del libro, la práctica de estos programas supuso poner en práctica el experimento social de PHILIP ZIMBARDO, la Teoría de la Ventanas Rotas, y a su vez, los programas de Policía y Barrios seguros de WILSON y KELLING, de tal modo que las comunidades donde el desorden era escaso y existía un menor número de ventanas rotas, se debía a la colaboración ciudadana desarrollada por este tipo de programas en sinergia con las labores de los CYFS.

Las políticas públicas de seguridad se definen como *"el conjunto de acciones gubernamentales y sociales que inciden sobre el conjunto de factores y condiciones sociales, económicas, políticas y culturales que determinan acciones que tienen algún tipo de impacto sobre la seguridad"*[99].

---

[98] FERNANDEZ-TORIBIO GARCIA, Ainhoa. *Comunidad y Prevención delitiva. Evaluacion del programa vecinal del barrio de Mas Sauró [En línea]* Joan Baucells Lladós dirs. Tesis doctoral inédita. Universitat Autónoma de Barcelona, 2015 [consulta 15 de abril de 2019] Disponible en: http://roderic.uv.es/hondle/10550/50188

[99] Definición basada en las ideas argumentada en NNUU. United Nations Development Programme. (2005). Las políticas de seguridad pública. Centro Regional de Conocimientos y Servicios para el Desarrollo en América Latina y el Caribe.

Según DELMAS MARTY y su concepto de política criminal amplio, donde incluye tanto las respuestas represivas como las preventivas, ya sean realizas por las FYCS o por la propia sociedad civil, nos permitiría incluir estos programas dentro del conjunto de competencias de una política pública de seguridad eficiente basándonos en la teoría de las ventanas rotas[100].

Todo ello sin olvidar el Art 103.1 de la Constitución donde se matiza que una política pública de seguridad, la cual está destinada a perseguir determinados objetivos de los poderes públicos, debe actuar siempre en base a los principios de eficacia y de los valores del Estado Social, Democrático y de Derecho[101].

4.6.3 Legitimidad de los programas de vigilancia vecinal

Tras el análisis de los dos apartados anteriores en relación a los "Neighborhood Watch Programs" fundamentados en la teoría de las ventanas rotas como elemento preventivo de conductas antisociales, delitos y crímenes podemos concluir lo siguiente:

La inclusión de estos programas dentro de las políticas públicas ha sido el factor determinante para que adquieren legitimidad y su posterior práctica. Dichos programas son relevantes en un contexto social siempre y cuando cumplan el principio de eficacia dentro de un marco constitucional propio de un Estado Social, Democrático y de Derecho como se contempla en el Art 103.1 de la Constitución.

Pues bien, dicha legitimidad puede clasificarse en base:

- Su influencia en el rol policial.

Cuando hablamos de legitimidad influenciado en el rol policial estamos haciendo referencia a la prevención y la creación de un sentimiento de seguridad por parte de estos debido a la creación de una necesidad reciproca.

---

[100] Idea propia y que podemos encontrar en Delmas-Marty, M. (1986). Modelos actuales de política criminal. Madrid: Ministerio de Justicia, Secretaría General Técnica.
[101] FERNANDEZ-TORIBIO GARCIA, Ainhoa. *Comunidad y Prevención delitiva. Evaluacion del programa vecinal del barrio de Mas Sauró [En línea]* Joan Baucells Lladós dirs. Tesis doctoral inédita. Universitat Autónoma de Barcelona,2015[consulta 15 de abril de 2019]Disponible en: http://roderic.uv.es/hondle/10550/50188

La aplicación de estos programas ha derivado de algún modo en que se fomente de una manera más activa la creación de policías de proximidad propuesto por WILSON y KELLING en anteriores apartados de este libro. La influencia que pueden tener estos programas han sido la creación de un modelo policial mucho más próximo al ciudadano ya que no siendo así la colaboración entre ambos resultaría imposible.

Todos los beneficios que aporta este modelo de policía de proximidad se ven vinculados a estos programas, ya que su sinergia resulta incuestionable para el mantenimiento del orden en una determinada comunidad. Los programas de vigilancia vecinal fomentan la creación de estos modelos policiales que a su vez cuando colaboran y con ellos multiplican su eficacia.

MONJARDET (1996) lo describe de una forma mucho más contundente:

"La patrulla a pie es una presencia policial en la calle, la patrulla en automóvil es una caja en movimiento en la ciudad. Una crea una vía de comunicación y una interacción entre peatones, la otra convierte a los policías en sordos y a tres cuartos de ellos en ciegos frente a todo lo que les rodea"[102].

Analizando tal reflexión deducimos que lo que origina la legitimidad de estos programas es la "comunicación". Los programas exigen de algún modo un rol policial accesible, mostrándose así el modelo de policía de proximidad como candidato más idóneo para ello.

Lo que hace legitimo estos programas es que se muestran como una herramienta fundamental dentro de los modelos policiales propuestos por WILSON y KELLING con base en la teoría de las ventanas rotas. Ya que sin ambos son coproductores de la seguridad pública.

Un claro ejemplo de ello es el tema de la información, la policía de proximidad se caracteriza por la necesidad de tener información de primera mano del ciudadano para el mantenimiento del orden en las comunidades. Esta información remarcada por dichos programas de vigilancia vecinal es fundamental para su desarrollo siendo el "property marking" un claro ejemplo de ellos entro otros muchos[103].

---

[102] Curbet, J. (2009). *El rey desnudo: la gobernabilidad de la seguridad ciudadana*. Barcelona: UOC.
[103] FERNANDEZ-TORIBIO GARCIA, Ainhoa. *Comunidad y Prevención delitiva. Evaluacion del programa vecinal del barrio de Mas Sauró [En línea]* Joan Baucells Lladós dirs. Tesis doctoral

- Eficacia en la comunidad.

El otro factor relevante que otorga legitimidad a estos programas es sin duda la eficacia que tiene sobre la comunidad. Dicha eficacia es analizada desde dos perspectivas:

o Según los valores que transmiten.

Los principales valores que transmiten son:

- Sentimiento de pertenencia. Los ciudadanos se sienten mucho más integrados.
- Sentimiento de responsabilidad. Suponiendo esta como alimento sustancial que origina en la persona la capacidad de asumir deberes.
- Sentimiento de coherencia y cohesión. Permitiendo así un sentimiento de orden en la comunidad.

o Según la sensación de inseguridad.

El sentimiento de seguridad es un elemento tanto objetivo como subjetivo.

Una de las mayores preocupaciones de los ciudadanos es el hecho de poder ser víctima y así lo ha demostrado el Centro de Investigaciones Sociológicas.

Este temor que existe en la ciudadanía a ser víctima de conductas antisociales, delitos o crímenes de algún modo ya supone una ventana rota en la sociedad, invisible pero existente.

El malestar perturbador que genera este miedo supone que la vida social no se desarrolle con normalidad, que la gente no transite a determinadas horas y rompa lazos propios de una comunidad ordenada. Además, a esto se une que las políticas van dirigidas a tranquilizar a la población, pero no modifican las condiciones que generan esa sensación de inseguridad.

Por todo esto la sensación de seguridad se puede ver modificada cuando el mismo ciudadano se hace partícipe a través de estos programas de vigilancia vecinal y en

inédita. Universitat Autónoma de Barcelona, 2015 [consulta 15 de abril de 2019] Disponible en: http://roderic.uv.es/hondle/10550/50188

colaboración con la policía de proximidad. Ambos fomentan la comunicación interpersonal y grupal.

Lo que se busca con estos programas y su vinculación a la policía de proximidad es erradicar la ausencia de ciudadanos en espacios públicos debido a este sentimiento de inseguridad tanto subjetivo como objetivo, siendo necesaria la legitimidad de estos programas para su erradicación[104].

4.6.4 Política criminal. Respuestas al werfalismo penal

A tenor de lo comentado en el apartado sobre el origen y el desarrollo histórico que se desarrolló desde 1972 con los programas de vigilancia vecinal, es relevante destacar que en esta época lo propio de las políticas públicas en materia penal se basaban en lo que se conoce como welfarismo penal.

El welfarismo penal tenía como eje central de sus actuaciones al delincuente y sus necesidades, fomentar sus debilidades sociales que le llevaban a adquirir conductas antisociales, comisión de delitos y crímenes.

Lo que busca esta materia de algún modo es cubrir las necesidades de los delincuentes para así prevenir el delito fundamentando sus actuaciones principalmente en técnicas de inclusión social que hacen que el delincuente se sienta incluido en esta, dentro de un margen de igualdad fomentando una cohesión propia de un Estado social y Democrático de Derecho.

Podemos deducir que es una manera óptima de evitar el desorden social y por tanto "las ventanas rotas" que llevan a una desestabilización de la comunidad. Siendo aceptada y dando frutos durante muchos años en 1972 entro en decadencia originando un incremento de la tasa de delincuencia y por ende y una necesidad de cambio.

Ante esto la obligación de fomentar un cambio recaía sobre las políticas públicas. Al mismo tiempo que surgió esta necesidad apareció el neoliberalismo, que entre otros muchos cambios de índole social acabo afectando también a la esfera de la seguridad

[104] FERNANDEZ-TORIBIO GARCIA, Ainhoa. *Comunidad y Prevención delitiva. Evaluacion del programa vecinal del barrio de Mas Sauró [En línea]* Joan Baucells Lladós dirs. Tesis doctoral inédita. Universitat Autónoma de Barcelona, 2015 [consulta 15 de abril de 2019] Disponible en: http://roderic.uv.es/hondle/10550/50188

y derecho penal. El neoliberalismo trajo consigo una visión de carácter preventivo y reaccionista no contemplada hasta el momento.

Las políticas públicas tomaron el timón y para ello adquirieron un rol adaptativo y cambiante en busca de una mayor eficacia. Las diferentes formas adaptativas que se propusieron y se llevaron a cabo fueron:

- Una Justicia razonada.

Surgió tras la caída del werfalismo penal, debido a diferentes causas entre las que cabe matizar en otra la escasa confianza que existía en estos momentos en todo lo relacionado al ámbito público y la escasez de recursos que estos tenían, así como sus ciudadanos.

De este modo la necesidad de cambio llamaba a la puerta tras el aumento notorio de la tasa de delincuencia. Ante ello se optaron por unas políticas públicas que fomentaran la actuación policial temprana, pero no por ello eficaz, con el tiempo se vio que el distanciamiento entre policía y ciudadano era notorio y esto no llego a solucionar el problema.

Los actores encargados del control social (tribunales, jueces, policías, funcionarios de prisiones) seguían sumergidos en una crisis profunda pero no por ello buscaron diferentes salidas para adaptarse a este nuevo clima delincuencial.

El punto está en que dichos programas de vigilancia vecinal podrían ser el punto de inflexión es esta respuesta adaptativa que se buscaba ya que el planteamiento de una policía más rápida y eficiente al servicio del ciudadano no era un "wrong way", como dirían los "americanos", pero posiblemente no la más idónea cuando la relación entre ambos colectivos no es sana.

Para ello proponemos una justicia racionalizada pero basada en un punto de conexión con la ciudadanía a través de programas de vigilancia vecinal los cuales parecen ser los más adecuados, ya no para reducir la tasa de delincuencia, pero si para aumentar el sentimiento de seguridad y confianza que al final permita a los actores del control social tener una buena valoración y un trabajo óptimo.

- La concentración de las consecuencias.

La cuestión era adaptarse al nuevo clima social y ante ello otra política pública que apareció tras la caída del welfarismo penal fue la de dar prioridad a las consecuencias que supone el delito, es decir, una propuesta más reactiva.

De algún modo esta forma reactiva supone una cara preventiva por la sensación de seguridad que pretende dar. Se basan principalmente en actuar lo antes y de la mejor manera posible ante cualquier conducta antisocial, delito o crimen, pero ya no sobre el delincuente si no sobre la propia victima

Lo que se busca es crear un sentimiento de seguridad tras la victimización y que los ciudadanos contemplen y confíen en el interés del Estado de mantener el orden y sanar a una sociedad herida.

En cuanto esta nueva adaptación bien es cierto que es totalmente adaptable a los programas de seguridad ciudadana ya que según *National Sherifff Association* los programas de carácter comunitarios tiene entre otras funciones ya mencionadas las de aminorar los costes del delito[105].

No obstante, aunque sea compaginable con este tipo de programas no sería una propuesta idónea en relación con la teoría de las ventanas rotas. Este conjunto de actuaciones seria poner un parche a una ventana ya rota, en vez de evitar que estar se rompan. Supondría un mayor costo para el Estado y dentro de una sensación de seguridad ante la victimización, una sensación de incertidumbre.

Concluyendo así que esta forma reactiva no parece ser el método preventivo más idóneo para establecer el orden social y el sentimiento de seguridad que reduzca las conductas antisociales, delictivas y criminales.

- Redefinir responsabilidades

Desde nuestro punto de vista esta reacción frente al delito nos parece la más atractiva e idónea, tanto en relación con los programas de vigilancia pública como con la teoría de las ventanas rotas.

Esta respuesta adaptativa a la caída del werfarlismo penal plantea una idea nacida de grandes autoridades públicas que versan sobre que el control de la delincuencia se escapa más allá de las manos del Estado.

Es otras palabras, la responsabilidad frente al delito no está únicamente en las manos del Estado, que sí, es evidente que es competencia suya, pero no por ello no debe ser aislada de la sociedad.

---

[105] National Sheriff's Association (2005). Manual del vecindario: Programa Nacional de Vigilancia del Vecindario. USAon Watch. Bureau of Justice Assistance 2005-MU-BXK077.

Así pues, en relación con este apartado y el núcleo central del libro resulta evidente mencionar que lo más idóneo seria que de algún modo los ciudadanos y la policía combatiesen esta problemática, tanto de manera individual como a la vez conexa. Lo que se busca es que el ciudadano además de colaborar con la policía y otros actores de control del delito sepa poner en práctica técnicas que ayuden a sustituir a este donde ella no llega y cuya intervención sea menos necesaria y fructífera cuando se origine.

Por último, mencionar algunas otras de las posibles respuestas:

o   Comercialización de la Justicia
o   Reducción del ámbito de la desviación
o   Redefinir el éxito[106].

---

[106] FERNANDEZ-TORIBIO GARCIA, Ainhoa. *Comunidad y Prevención delitiva. Evaluacion del programa vecinal del barrio de Mas Sauró [En línea]* Joan Baucells Lladós dirs. Tesis doctoral inédita. Universitat Autónoma de Barcelona, 2015 [consulta 15 de abril de 2019] Disponible en: http://roderic.uv.es/hondle/10550/50188

4.7 El derecho penal del riesgo
4.7.1 El estado de Bienestar y la necesidad de cambio

La Segunda Guerra mundial supone la creación de un Estado Social de Derecho y con ello la aparición de la teoría de las ventanas rotas, la cual junto muchas otras mencionadas buscaban restablecer el orden social.

La Segunda Guerra Mundial se desarrolló en la primera mitad del siglo XX trayendo una crisis común. El positivismo entró en crisis, el capitalismo evidencia sus disfuncionalidades y la ciencia del derecho se vio deteriorada por la falta de justicia social, donde los juristas fueron fuertemente criticados.

Ante esta coyuntura los estados tuvieron que buscar respuestas y para ello adquirieron un rol "asistencial". Lo importante de este rol en relación con la teoría de las ventanas rotas es que los Estados tenían que buscar soluciones en diferentes ámbitos para restaurar el orden social y para ello esta teoría fue cable en países como EEUU para poder llevarlo a cabo.

Dicha teoría seria ineficaz si no se desarrolla junto a una política criminal que guie un derecho penal en concreto y de este modo enfoque a la criminología como ciencia a buscar soluciones para ello.

Para ello se desarrolló una intervención jurídica de carácter funcionalista. Esta intervención estaba formada por dos ramas.

La primera de ellas era de ROXIN la cual adquiría un carácter moderado fundamentando la política criminal como limite al derecho penal que buscaba restaurar esta situación apoyándose a su vez en la criminología y en sus diferentes teorías. Para ello ROXIN se centró en la idea de "tener en cuenta las realidades sociales" idea que se vincula directamente con la problemática de desorden social que intenta dar solución la teoría de WILSON y KELLING.

La segunda rama de este funcionalismo era la propuesta por JAKOBS, el cual concebía la sociedad como un organismo armónico donde cada uno desarrolla su función y el Estado, mediante una política criminal que desarrolle un derecho penal a su vez apoyado por la criminología, buscase soluciones al desorden social del momento. Para ello se centró en la idea de prevención general positiva como finde la pena.

Además de todo lo comentado, la Segunda Guerra Mundial supuso un nuevo orden internacional que busca combatir todas las atrocidades cometidas durante la guerra protegiendo así los derechos humanos y libertades. Esto supuso que los medios que se iban a emplear para estable el orden social y combatir el crimen no podrían ser cualquiera.

Así nació en 1948 la Declaración de los Derechos Humanos los cuales además de limitar y guiar las actuaciones de una política criminal y un derecho penal, daría un enfoque a estas teorías y formas de trabajar el crimen para que el Estado pudiera cumplir su función asistencial.

4.7.2 La globalización, política criminal y el derecho penal del riesgo

La globalización no es algo nuevo, se trata así de *"un proceso de interacción e integración entre personas, empresas y naciones, normalmente impulsado por el comercio y la inversión internacional, apoyado y acelerado por el rápido progreso de las tecnologías de la información"*.

En cuanto a la historia del proceso de globalización cabe destacar dos etapas significativas. Entre las cuales se produjo una desaceleración del mismo debido a las 2 guerras mundiales. El primer periodo fue en 1870 y el segundo 1960 el cual sigue con su oleada actual.

Este periodo y más en concreto el actual supone un crecimiento y prosperidad, pero a su vez un desequilibrio que conllevan nuevos riesgos. Estos nuevos riesgos conllevan la necesidad de buscar respuestas a esta inestabilidad social vinculada a la una era VUCA (Volatilidad, Incertidumbre, Complejidad y Ambigüedad) en constante cambio.

En la era de la globalización las naciones ya no gobiernan si no que le limitan, como hemos comentado en el apartado anterior, a actuar mediante un perspectiva asistencial y funcionalistas dando respuesta a las consecuencias negativas del mismo.

La finalidad es la de generar una pacificación interior, el control de sectores productivos y no productivos en movimiento mediante políticas de seguridad y orden público. Lo que conlleva una reducción del Estado Social, y lo que es de interés para nosotros, un aumento de medidas penales y policiales. Este aumento de medidas penales y policiales en lo que relaciona el concepto de globalización con la teoría de las ventanas rotas.

El sistema penal ha adquirido un protagonismo esencial lo que ha supuesto un cambio rotundo en la política criminal la cual ha debido apoyarse en la criminología para buscar respuestas y soluciones, siendo la teoría de las ventanas rotas una de ellas.

Dentro de estas nuevas modalidades de política criminal globalizada apoyada en las teorías criminológicas han adquirido relevancias diferentes formas de aplicación del derecho penal:

- El derecho penal simbólico.

Se trata de un enfoque del derecho penal alejado del concepto de prevención. El objetivo principal es el de dar una sensación de seguridad, buscar tranquilizar inquietudes e incluso dirigir la conciencia de los ciudadanos.

- El derecho penal del enemigo.

Surge fruto de la globalización, como consecuencia de la pobreza y el surgimiento de sectores marginados y excluidos. El autor de esta rama en el conocido alemán JAKOBS. El cual frente a este problema de desorden social opta por dos soluciones.

Una es lo que se conoce como "derecho penal común", el cual se aplica a un ciudadano que comete un delito y frente a este se le aplica una pena sin la necesidad de que este sea excluido de la sociedad.

Mientras que por otro lado estaría el "derecho penal del enemigo" el cual considera al delincuente un sujeto enfocado a destruir el sistema político establecido y por ende esto le supondría una condición menor y un recorte de sus derechos.

- El derecho penal del riesgo.

Por último, encontramos el derecho penal del riesgo, el cual estaría enormemente vinculado a la criminología y más en concreto a la teoría de las ventanas rotas.

Se caracteriza por tener como finalidad la de salvaguardar a cualquier precio la seguridad. Destaca un afán criminalizador frente al despenalizador atacando el principio de proporcionalidad en ocasiones. Además de suponer una administrativización del propio derecho penal.

En cuanto a la relación que tiene con la teoría de las ventanas rotas es que este tuvo su auge con la estrategia policial comentada a lo largo del libro de tolerancia cero llevada fundamentaba en base al artículo broken Windows, formulado por los criminólogos conservadores acabo en la ciudad de New York. Por R. GIULIANI y WILSON y KELLING quienes se basaron en el experimento social de PHILIP ZIMBARDO.

Según esta teoría perseguir los pequeños comportamientos antisociales que no son constitutivos de delitos como grafitis o la petición de limosna, eran la forma de acabar es la forma de acabar con el delito ya que cuando más degradado y abandonado parezca un lugar, más sensación de miedo y menos control informal. Lo que puede derivar en que dicho escenario acabe convirtiéndose en caldo de cultivo para la comisión de delitos.

5 Conclusiones

PRIMERA: El fenómeno delictivo siempre ha sido y será uno de los asuntos pendientes a resolver en nuestras sociedades, aunque algunos autores de nuestra ciencia, como DURKHEIM (con los que estamos de acuerdo) lo presente como algo necesario, incluso sano, mientras se mantenga dentro de unos parámetros. Ante ello las teorías criminológicas se han mostrado como pilar fundamental y eje sobre el que apoyan diferentes ciencias para lograr dichos objetivos y atenuar la delincuencia. Esto ha sido posible al tratarse de una ciencia multiparadigmática que le otorga gran flexibilidad de adaptación y la enriquece en diferentes ámbitos.

SEGUNDA: Las teorías de la oportunidad vinculadas a la criminología ambiental permiten elaborar unos programas de carácter preventivo con resultados positivos a la hora de combatir el delito. La teoría de las ventanas rotas se muestra como una de las que mayor eficacia ha tenido dentro de la criminología ambiental.

TERCERA: Al tratarse de una ciencia multidisciplinar la criminología enriquece y se enriquece de otras. De este modo, la psicología se enriquece de la psicología social y sus experimentos para posteriormente realizar teorías que evidencien la causa del delito, otorgándole así un abanico de soluciones a esta problemática.

CUARTA: La teoría de las ventanas rotas se basa en una idea reduccionista extrapolable a diferentes ámbitos de la vida. La importancia que esta adquiere dentro de la criminología, como elemento de control social ha ido evolucionando y poniéndose en práctica por diferentes gobiernos, autoridades y políticas públicas.

La eficacia de esta ha reducido los niveles de delincuencia y ha aumentado el sentimiento de seguridad. Su característica de extrapolable y multiparadigmática le permite ceñirse a diferentes programas creando combinaciones adaptables a cada tiempo y sus demandas sociales, sin transgredir legislaciones, código éticos o morales. Dicha teoría puede ser aplicada desde una perspectiva totalmente represiva hasta ser aplicada dentro de un programa de vigilancia pública con aires de libertad y cercanía a la sociedad.

QUINTA: WILSON y KELLING evidenciaron con la puesta en práctica de esta nuestra teoría como el orden llama al orden y el caos llama el caos. Los pequeños detalles importan, los pequeños problemas conllevan pequeñas soluciones. Mientras que los grandes problemas conllevan mayores esfuerzos y esto es lo que sucede con el delito, un pequeño control genera un gran beneficio. Así pues, un modo eficiente de llevarla a cabo en la actualidad seria enlazarla con modelos policiales donde su rol sea de guardián con carácter preventivo, y no de justiciero con carácter represivo. La policía a pie da mejores resaltado que con vehículos, aunque la combinación de ambas suele también es una buena solución para prevenir el delito. Esta teoría demanda y facilita que se genere un control social por parte del ciudadano y este se sienta miembro de la comunidad.

SEXTA: Los programas de vigilancia vecinal se han mostrado como una herramienta complementaria al rol policial. La policía de barrio junto a estos programas genera un sentimiento de seguridad e inclusión comunitaria que evita el desorden, las conductas antisociales, el delito y los crímenes. Todo ello supone un control a la hora de mantener las ventanas en buen estado y evitar una epidemia delictiva que favorezca el deterioro de los barrios.

SEPTIMA: Las guerras mundiales y la globalización han generado la necesidad de crear un Estado de Bienestar donde las políticas públicas, amparadas en derecho penal consignan tener controlado el delito y así poder garantizarlo. Con este nuestro trabajo se ha demostrado que todo ello no sería posible y estas otras ciencias auxiliares se enriquecieran de la criminología como tal, y más en concreto en la teoría de las ventanas rotas que da origen a un derecho penal del riesgo aplicado por diferentes Estados en sus políticas públicas.

6   Bibliografía

AYOS, Emilio Jorge. Prevención del delito y teorías criminológicas: tres problematizaciones sobre el presente. *Estudios Socio-Jurídicos*, [S.l.], v. 16, n. 02, jun. 2014. ISSN 2145-4531. Disponible en: https://revistas.urosario.edu.co /index.php/sociojuridicos/article/view/2528 Fecha de acceso: 20 mayo 2019 doi: http://dx.doi.org/10.12804/esj16.02.2014.09

BRANTINGHAM, P. L. y BRANTINGHAM, P. J. (1993). Nodes, paths and edges: Considerations on the complexity of crime and the physical environment. Environmental Psychology, 13.

BRATTON, William J. «Crime is Down in New York City: Blame the Police». En Tim Newburn (editor). Policing Key Readings. Devon: Willan Publishing, 2005, pp. 472-482

CABEZAS, Silvestre. Principales teorías de la criminología ambiental. *QdC. [en línea]* Valladolid: Sociedad Española de criminología y ciencias forenses.2017.37. En "dosieres". [consulta: 16 de Marzo de 2019]ISSSN:1888-0665 Disponible en: https://revistaqdc.es/aproximacion-a-las-principales-teorias-de-la-criminologia-medioambiental/

CLARKE, R. V. & ECK, J. E., Crime analysis for problem solvers in 60 small steps, México, D. F., 2008

CON LA PUERTA ABIERTA. Psicología. Con la puerta abierta blog del departamento de orientación IES Luis Cobiella Cuevas [en línea]. [Canarias]: Gobierno de Canarias. [consulta:18 de Marzo de 2019] Disponible: http://www 3.gobiernodecanarias.org/medusa/ecoblog/mmarlorm/?page_id=241

CORNISH, D. y CLARKE, R. V. (coord.) (1986), The Reasoning Criminal: Rational Choice perspectives on offending, Nueva York: Springer-Verlag.

CORNISH, D. B. y CLARKE, R. V. (2003). Opportunities, precipitators and criminal decisions: A reply to Wortley's critique of situational crime prevention. En M. Smith y D.B Cornish (Coords.), Theory for Practice in Situational Crime Prevention - Crime Prevention Studies Vol. 16. Monsey, NY: Criminal Justice Press.

COSTA, Gino. *La Ventana Rota y otras formas de luchar contra el crimen*.Lima.Rocio Moscoso,2007.ISBN2007-12390.

CRIMINA CENTRO PARA EL ESTUDIO Y PREVENCIÓN DE LA DELINCUENCIA. Terminó crimipedia: criminología ambiental. En: *Crimina.es* [en línea] [Elche] Universidad Miguel Hernandez., 2014 [consulta 3 de abril de 2019]. Disponible en: http://repositori.uji.es/xmlui/handle/10234/16 1313

CURBET, J. (2009). El rey desnudo: la gobernabilidad de la seguridad ciudadana. Barcelona: UOC.

FRIDMAN, D. publicado en Delito y Sociedad Revista de Ciencias Sociales, N°15-16, 2001.

Delmas-Marty, M. (1986). Modelos actuales de política criminal. Madrid: Ministerio de Justicia, Secretaría General Técnica.

DERECHO UNED. Apuntes. En: *Derecho Apuntes Isipedia* [en línea]. [Madrid] Derecho Uned, 2009-2018 [consulta 4 de marzo de 2019] *Disponible en:* http:// derecho.isipedia.com/optativas/introduccion-a-la-criminologia/03-la-teoria-criminologica.

DIXON, David. «Beyond Zero Tolerance». En Tim Newburn (editor), Policing Key Readings. Devon: Willan Publishing, 2005, p. 486

DOCSITY. Apuntes criminología. En: *DOCSITY* [en línea] [Barcelona] Universidad Autónoma de Barcelona UAB, 2013. Disponible en: https://www.docsity.com/e s/broken-windows-3/3064818/

EDUCA TU MENTE. Psicología educativa. En Educa tu mente [en línea] 5 de Enero de 2016 [Consulta 24 de Marzo de 2019]. Disponible en: https://educadam entesite.wordpress.com/2016/01/05/la-teoria-del-aprendizaje-social-de-bandu ra/

Estudios citados por GARRIDO GENOVÉS, "La investigación actual en la delincuencia juvenil...".

FELSON, M., y CLARKE, R. V. G. de Opportunity makes the thief: Practical theory for crime prevention, Vol. 98, Home Office, Policing and Reducing Crime

Unit, Research, Development and Statistics Directorate. 50 Queen Anne's Gate, London, 1998.

FELSON, M., Part One Understanding the crime event, punto 4 Routine activity approach, de Environmental Criminology and Crime Analysis, Wortley, R. and Mazerolle, L, Devon, UK, 2008.

GARCIA PABLOS DE MOLINA, Antonio. *Criminología Una introducción a sus fundamentos teóricos.* 8ed. Valencia: Tirant lo Blanch, oct 2016. ISBN 9788490530009.

GARRIDO GENOVES, Vicente, REDONDO ILLESCAS SANTIAGO. *Principios de criminología.*4 ed. Valencia: Tirant lo blanc, 2013. ISBN 9788490531457.

IBARRA, Andoni: «Teorías formales y empíricas: la concepción estándar y su revisión», Ágora: Papeles de Filosofía, ISSN 0211-6642, Vol. 20, N. 1 (2001),

KELLING, G. L. y COLES C. M. Fixing Broken Windows. Restoring Order and Reducing Crime in Our Communities. Nueva York: Simon & Schuster, 1997.

KELLING, G. y COLES, C., Fixing broken windows, Nueva York, 1996.

La cultura del control. Crimen y orden social en la sociedad contemporánea. Barcelona: Gedisa

LAMBERT, E., JAISHANKAR, K., JIANG, S., PASUPULETI, S. y BHIMARASSETY, J. (2011). Correlates of Formal and Informal Social Control on Crime Prevention: An Exploratory Study among University Students, Andhra Pradesh, India. Asian Criminology 7:239–250 DOI 10.1007/s11417-011-9108-9

L.KELLING, George y WILSON, James. Broken Windows-the police and neighborhood safety. *The Atlantic. [En línea]*Boston,1982. 249, N° 3, [consulta 28 de marzo de 2019. ISSUE. Disponible en: https://www.theatlantic.com/mag azine/archive/1982/03/broken-windows/304465/

MARTINEZ ROIG, Angel. *Criminología ambiental y SIG, una aplicación práctica en Castellón de la plana.* [en línea]. Modesto Joaquín Beltrán Salvador dirs. TFG. Universitat Jaume I, 2016 [Consulta: 2 de abril de 2019] Disponible en: http://repositori.uji.es/xmlui/handle/10234/161313.

National Sheriff's Association (2005). Manual del vecindario: Programa Nacional de Vigilancia del Vecindario. USA on Watch. Bureau of Justice Assistance 2005-MU-BXK077

NNUU. United Nations Development Programme. (2005). Las políticas de seguridad pública. Centro Regional de Conocimientos y Servicios para el Desarrollo en América Latina y el Caribe.

ORTIZ MUÑOZ-QUIROS, Celia. *Control social informal.* [en línea]. Elche: Universidad Miguel Hernandez.2015. [consulta 28 de marzo de 2019]ISSN: 2659-4897 Disponible en: http://crimina.es/crimipedia/wp-content/uploads/201 6/05/Control-social-informal.pdf

PROYECTO CRIMINOLOGIA. Artículos. En Proyecto criminología/Criminología corporativa y empresarial [en línea]. 8 de Marzo de 2017 [consulta: 17 de Marzo de 2019]. Disponible en: https://proyectocriminologi.com/single-post/5-experi metnos-criminologia.

REN, L., ZHAO, J.S. LOVRICH, N.P., & GAFNE, M.J. (2006). "Participation community crime prevention: who volunteers for police work?" Policing: An International Journal of Police Strategies & Management. Vol. 29 No. 3, 2006.

REDONDO ILLESCAS, S. y GARRIDO GENOVÉS, V. (2013). *Principios de Criminología.* (4ªed.). Valencia: Tirant Lo Blanch.

RUSELL, B. (1912), "On the notion of cause", *Proceedings Aristotelian Society*, vol. 13.

SERRANO MAILLO, A., Introducción a la criminología, Madrid, 2004.

SIMPLYPSYCHOLOGY. Theories. Simply Psychology Social identity theory realistic Conflict theory [en línea]. Saul McLeod.2008. [Consulta 23 de Marzo de 2019]. Disponible en: https://www.simplypsychology.org/robbers-cave.ht ml

SMITH, C. J. & PATTERSON, G. E., Cognitive mapping and the subjective geography of crime, en D. E. Georges-Abeyie & K. D. Harries (Eds.), Crime: A spatial perspective, New York: Columbia University Press (1980).

SOCIEDAD DE CONOCERDORES DEL CRIMEN. Teoría de las ventanas rotas (reflexiones). En Sociedad de conocedores del crimen-de criminología y más [en línea]. Carlota Barrios,10 de abril de 2018[consulta: 19 de marzo de 2019]Disponible en: https://crimiperito.wordpress.com/2018/04/10/teoria-de-las-ventanas-rotas-reflexiones/

SOUSA, W. H., & KELLING, G. L. (2006). Of "broken windows," criminology, and criminal justice. En WEISBURG, D. Y BRAGA, A. (Eds.). *Police innovation: Contrasting perspectives* Cambridge, UK: Cambridge University Press.

UNIVERSIDAD CARLOS III DE MADRID. *Diccionario de catedráticos españoles del derecho.* [en línea]. Madrid: Universidad Carlos III de Madrid,2017 [consulta   30   de   marzo   de   2019].   Disponible   en: http://portal.uc3m.es/portal/page /portal/instituto_figuerola/programas/phu/diccionariodecatedraticos/lcatedratic os/lopezrey.

UNIVERSIDAD DE BARCELONA, Criminología. *Studuco* [En línea]. Barcelona [consulta:30 de marzo de 2019]

Tilley, N. (2009). Crime prevention. Devon: William Publishing

WHITE, H. R., y GORMAN, D. M., «Dynamics of the drug-crime relationship», Criminal Justice 2000, vol. 1, The nature of crime: continuity and change, pp. 151-218, US Department of Justice, Washington, DC, 2000.

WILLIAMSON, J. (2009), "Probabilistic theories of causality". En Beebee, H., Hitchcock, C., y Menzies, P. (Eds.), *The Oxford handbook of causation.* Oxford University Press.

WILLSON, J. Q. & HERRNSTEIN, R. J., Crime and Human Nature, New York: Simon and Shuster, 1985.

WILSON, R.E., Brown, T.H., & Schuster, B. (2009). "Preventing Neighborhood Crime: Geography Matters". NIJ JOURNAL, Issue 263. [Consultado 5 de abril 2019]. Disponible en: https://www.ncjrs.gov/pdffiles1/nij/226875.pdf

ZAVALADA BAQUERIZO, Jorge. El fenómeno criminal. *Revista Jurídica online* [en línea]. Guayaquil: Ciudad Universitaria,1991, [consulta 9 de marzo de 2019]   Disponible   en: https://www.revistajuridicaonline.com/wp-content/uploads/199 1/09/4_El_Fenomeno_Criminal.pdf

www.ingramcontent.com/pod-product-compliance
Lightning Source LLC
Chambersburg PA
CBHW050540270326
41926CB00015B/3310